형제자매, 재능과 개성을 살리고
갈등 없이 키우는 법
둘째는 다르다

※ 일러두기

본문 중 '형제'는 남자 형제만을 가리키지 않고 형제, 자매, 남매를 폭넓게 아우르는 표현입니다. '형'도 남자 형제 중 첫째만이 아니라 통상적으로 첫째를 지칭하는 의미로 쓰인 경우가 많음을 알려드립니다.

둘째는 다르다
: 형제자매, 재능과 개성을 살리고 갈등 없이 키우는 법

초판발행 2018년 6월 15일
4쇄발행 2018년 11월 5일

지은이 김영훈 / **펴낸이** 김태헌
총괄 임규근 / **책임편집** 권형숙 / **편집** 김지수 / **교정교열** 노진영 / **칼럼** 이나연(칼럼1), 김수경(칼럼2), 김나영(칼럼3), 이나연(칼럼4), 김경아(칼럼5) / **디자인** 원더랜드 / **이미지** 클립아트코리아
영업 문윤식, 조유미 / **마케팅** 박상용, 조승모, 박수미 / **제작** 박성우, 김정우

펴낸곳 한빛라이프 / **주소** 서울시 서대문구 연희로2길 62
전화 02-336-7129 / **팩스** 02-325-6300
등록 2013년 11월 14일 제25100-2017-000059호 / ISBN 979-11-88007-15-8 13590

한빛라이프는 한빛미디어(주)의 실용 브랜드로 우리의 일상을 환히 비추는 책을 펴냅니다.

이 책에 대한 의견이나 오탈자 및 잘못된 내용에 대한 수정 정보는 한빛미디어(주)의 홈페이지나 아래 이메일로 알려주십시오.
잘못된 책은 구입하신 서점에서 교환해 드립니다. 책값은 뒤표지에 표시되어 있습니다.
한빛미디어 홈페이지 www.hanbit.co.kr / **이메일** ask_life@hanbit.co.kr
한빛라이프 페이스북 @hanbit.pub / 인스타그램 @hanbit.pub

Published by HANBIT Media, Inc. Printed in Korea
Copyright © 2018 김영훈 & HANBIT Media, Inc.
이 책의 저작권은 김영훈과 한빛미디어㈜에 있습니다.
저작권법에 의해 보호를 받는 저작물이므로 무단 복제 및 무단 전재를 금합니다.

지금 하지 않으면 할 수 없는 일이 있습니다.
책으로 펴내고 싶은 아이디어나 원고를 메일(writer@hanbit.co.kr)로 보내주세요.
한빛라이프는 여러분의 소중한 경험과 지식을 기다리고 있습니다.

형제자매, 재능과 개성을 살리고
갈등 없이 키우는 법
둘째는 다르다

소아청소년과 전문의 **김영훈** 지음

프롤로그

형제, 자매, 남매를 키우는
부모가 고려해야 하는 것

"둘째는 언제 낳을 거니?"

아이 하나 키우기도 버거운데, 둘째는 언제 낳을 거냐는 질문을 받으면 엄마들은 부담스럽다. 아이가 중학교에 들어가기 전까지는 그런 질문을 많이 받을 것이다. 국제연합인구기금(UNFPA)의 세계인구현황보고서(2017)에 따르면 여성 1인당 평균 출산율은 2.5명이며, 우리나라는 1.3명으로 우리보다 출산율이 낮은 국가는 포르투갈, 몰도바 2개국밖에 없다고 한다. '초저출산 국가'로 분류된 한국은 아이를 낳지 않거나 1명만 낳는 경우가 흔해졌다. 남녀 한 쌍이 결혼해도 아이 한 명을 낳을까 말까 하다는 것이다. 정부가 나서 각종 출산 장려 정책을 펴고 있지만 합계출산율은 점점 떨어져 노동력 부족, 인구 소멸 등 국가적 위기 상황에까지 직면해 있다. 그런데 다자녀 출산을 지원하는 정부 혹은 지방자치단체의 혜택은 둘째는커녕 셋째에 집중되어 있는 경우가 많다. 두 명도 출산하지 않는데 셋째에 혜택이 몰려 있다니 아이러니하다.

다자녀 출산을 권하는 사회적 분위기 속에서 육아에 대한 경제적, 육체적 어려움을 이유로 한 명으로 출산을 마친 부모 역시 개운하지는 않다. 형제자매끼리 뭉쳐 노는 데 혼자 어색하게 낀 외동아이가 안쓰러워 보이고, 늘 부모에게 의존적인 아이에게 형제가 있으면 좋겠다는 생각도 든다. 키울 때는 둘보다 하나가 훨씬 수월하지만 부모가 없을 때 홀로 남을 아이를 생각하면 걱정이 되는 것도 사실이다.

외동아이의 세상

아이에게 치명적인 것은 좌절이나 실패가 아니다. 부모의 기대나 관심이 줄어들거나 멀어지는 것이 더 문제가 된다. 그러나 외동아이에게는 그런 일이 잘 일어나지 않는다. 부모는 어떤 일이 있어도 아이의 든든한 지원군이라는 믿음을 주어 외동아이가 역경을 극복하는 강력한 원동력이 된다. 물론 너무 응석받이로만 자란 탓에 인내심을 기르지 못하면 이야기는 다르다. 또 본인의 능력을 넘어서는 과도한 기대를 받거나 늘 곁을 지켜주던 존재가 떠나도 마찬가지다. 그러나 그런 예외적인 일이 벌어지지 않는 한 외동아이는 안정감을 바탕으로 최대한의 능력을 발휘할 수 있다. 그렇기에 성공을 거둘 가능성도 크다.

그럼에도 불구하고 외동아이는 일상생활에서 두 가지 큰 문제를 해결해야 한다. 외로움을 느끼지 않고 혼자 지내는 것과 스스로 삶의 장애물들을 극복하는 방법을 찾는 것이다. 집에서 늘 혼자 지내야 하는 외동아이는 홀로 공상에 빠지며 노는 일이 많다. 어릴 적부터 형제와 끊임없이 부딪치며 자라난 아이와 타자에 대한 감각이 다른 것은 어찌 보면 당연한 일이다. 그들은 아무리 어려운 상황에서도 형제의 도움 없이 스스로 삶을 지혜롭게 영위해나가는 방법을 알아야 한다.

형제간의 싸움

아이가 외로움을 느끼지 않게 하려고 동생을 낳아 화목하고 정이 넘치는 가족을 꿈꾸었던 부모라면 꽤 잦은 형제간의 말다툼이나 싸움에 실망할 것이다. 다투는 아이들을 보고 있으면 어린 시절의 나쁜 기억이 다시 떠오른다.

"크고 작은 소동이 끊이지 않고, 약 올리는 말, 치사한 행동, 심지어 주먹다짐까지. 형제는 원래 이런가요?"

물론 아니다. 하지만 그렇기도 하다. 아이가 둘 이상이면 이들 사이에는 질투심과 경쟁심이 싹튼다. 반면 상대방의 입장이 되어 서로를 존중하는 법은 천천히 조금씩 배워간다. 사실 부모는 싸움의 원인이 무엇이든 한쪽만 편들지도, 꾸중하지도 말아야 한다. 두 아이 모두에게 상처 주지 않고 '공정하게' 싸움을 말리는 것이 필요하다. 아이들 싸움은 제삼자의 개입 없이 아이들끼리 해결책을 찾는 게 가장 바람직하다. 물론 몸싸움이 과격해지거나 둘 중 한 사람이 거실 바닥을 뒹군다면 부모의 개입이 불가피하다.

'아이들은 싸우면서 큰다'는 말이 있다. 이는 아이들이 다투고 문제를 해결하려 애쓰고 화해하는 과정을 통해 성숙해진다는 의미이다. 아이들의 싸움을 끝내야 한다는 강박에 부모의 시각으로 해결책을 제시하거나 화해를 종용하는 것은 아이들이 성장할 기회를 뺏는 셈이다. 형제의 싸움은 부모에게 인정받고 싶거나 스스로 자신의 정체성을 찾아가는 발달 과정에서 자연스레 일어나는 일이다. 따라서 이때 부모의 태도와 역할은 아주 중요하다. 부모 하기에 따라 형제관계, 더 나아가서는 아이의 사회성 발달에 긍정적 혹은 부정적인 영향을 준다.

형제의 싸움에 대처하는 부모가 가장 흔히 저지르는 실수가 있다. 형과 동생을 똑같이 대해야 한다고 생각하고 행동한다는 점이다. 이런 경우 잘못된 경쟁심을 부추길 수 있고, 형제간의 싸움이 영원히 끝나지 않을 수도 있다.

성숙한 부모의 형제 키우기

아이는 부모의 대역이나 분신이 아니라 독립된 인격체이다. 따라서 한 아이는 부모의 기대를 계속 만족시켜주는데 다른 아이는 그러지 못하다고 해서 부모가 둘을 다르게 대해서는 안 된다. 아이들을 서로 비교하지 말아야 한다. 만약 부모가 자기 기대를 채워주는 아이만 노골적으로 칭찬하고 관심을 쏟으면 형제간에 갈등이 일어나게 된다.

형제간 경쟁은 가정에서 흔히 있는 일이다. 둘째는 태어날 때부터 부모의 관심을 첫째와 나누어 가진다. 일반적으로 이들은 상당히 경쟁적이고 형이나 언니를 이기기 위해 늘 준비된 상태에 있는 듯하다. 첫째

또한, 갑자기 어린 아기에서 연장자가 됨으로써 폐위된 왕의 자리에 머물게 된다. 형제들은 다른 형제가 잘하지 못하는 것을 잘 해냄으로써 부모나 교사로부터 칭찬을 받으려고 한다.

부모 역할은 형제의 관심사나 행동에 최선을 다해 지지하고 격려해 주는 것이다. 뭐든지 스스로 결정하고, 집안 문제에 영향력을 행사한 경험이 있는 아이는 늘 다른 사람을 필요로 하거나 무력하다고 느끼는 대신 자기에게 힘이 있고 안전하다고 느낀다. 이렇게 해야 아이들은 자기주장이 강하고 자기주장을 이루기 위해 최선을 다하는 어른으로 성장할 수 있다. 의견이 있으면 그것을 발전시키고 자기가 현명한 판단을 할 수 있다는 믿음을 가질 수 있게 부모가 도와야 한다.

이 책은 앞으로 필요한 융합형 인재를 키우기 위한 부모의 역할은 무엇일까 하는 궁금증에서 시작되었다. 4차산업혁명시대에는 경험하고, 정보를 현장에서 활용하고, 창의력과 직관력이 있으며, 끊임없이 협업하는 인재가 필요하다.

이 책에서는 둘 이상의 아이를 키울 때 아이들이 질투와 경쟁 속에서 어떻게 자신의 특성과 자기주도성을 발휘하는지, 호기심을 가지고 살펴보았다.

첫째와 둘째는 다르게 키워야 한다. 부모는 이 책을 통하여 둘째 육아의 실제 현장에서 일어날 수 있는 상황에 대해 구체적 지침을 얻을 수 있을 것이다.

아무쪼록 이 책이 둘째를 계획 중이거나 둘 이상의 아이를 키우고 있는 부모가 아이를 양육하는 데 도움이 되었으면 좋겠다. 두 아이를 키운 경험과 엄마의 시각으로 원고를 검토해준 아내 송미경에게 고마움을 전한다.

가톨릭대학교 의정부성모병원에서

김영훈

차례

프롤로그
형제, 자매, 남매를 키우는 부모가 고려해야 하는 것   4

성공한 사람 중엔 왜 둘째가 많을까?

성공한 둘째들에 대한 고찰	16
첫째와 다른 둘째의 사고방식	23
둘째를 생각하는 부모가 알아야 할 것들	31
둘 이상의 자녀를 키울 때 아빠의 역할	36
아빠에게 권하는 양육가이드	39
일하는 엄마와 둘째	41
일하는 엄마에게 권하는 양육가이드	44
✱ Note. 둘째 아이 임신·출산이 첫째 아이와 다른 점	46
첫째에게 둘째 소식 전하기, 첫째 어린이집 보내기	48
첫째 아이, 어린이집에 잘 보내기 위한 양육가이드	54

Column 1
둘이라서 쉽고 둘이라서 용감해진다_남매 키우기 리틀홈 대표 이나연   56

질투 – 둘째 아이는 늘 사랑받고 싶다

비교하지 않고 형제자매 키우는 법	64
형제자매를 행복하게 키우는 양육가이드	68
질투의 뇌 – 형제자매간의 끊이지 않는 질투	70
질투심을 해결하기 위한 양육가이드	75
부모의 기준이 착한 아이와 나쁜 아이를 만든다	78
부모의 차별이 질투를, 갈등을 야기한다	85
차별이 아닌 평등을 위한 양육가이드	90
칭찬의 방법	92
분노 관리하기	97

Column 2
왜 멋있게 말해?_형제를 키우며 얻은 깨달음 〈집, 사람〉 작가 김수경   104

경쟁 – 둘째는 다른 형제보다 더 잘하고 싶다

경쟁의 뇌 – 형제간에 형성되는 경쟁 관계	110
형제의 긍정적 관계	116
반항의 심리	122
형제의 난을 막는 방법	128

형제간의 경쟁을 긍정적으로 이끄는 양육가이드	133
남매 콤플렉스	135
콤플렉스 없이 남매를 키우기 위한 양육가이드	143
자매의 질투	145
질투 없이 우애 깊은 자매로 키우기 위한 양육가이드	149
세 자녀 키우기	151

Column 3
바람 잘 날 없는 세 자매, 그래도 함께가 좋아_세 자매의 공존에 필요한 것
〈보통의 육아〉, 〈보통의 엄마〉 작가 김나영   158

자기주도성 – 둘째는 혼자서도 잘한다

부모의 역할에 따라 아이의 자기주도성은 발달한다	164
터울이 많이 지는 형제자매의 자립심 키우기	172
터울이 큰 형제자매의 자립심을 키우기 위한 양육가이드	176
터울이 적은 아이들의 자립심 키우기	179
형제자매는 서로에게 가장 좋은 친구다	191
보호자, 좋은 선배를 자처하는 첫째	197

Column 4
같은 날 같은 시에 태어난 두 아이를 키우는 일_쌍둥이 키우기
오마이뉴스 시민기자 이나연   203

형제자매, 어떻게 달리 키워야 할까

첫째의 스트레스가 문제행동을 일으킨다	210
형제간의 갈등, 그림책으로 해소하자	217
형제자매간의 갈등을 줄이기 위한 양육가이드	220
*형제의 갈등을 다룬 대표 그림책	222
*추가로 볼 수 있는 그림책	223
싸움에 대처하는 부모의 자세, 폭력은 처음부터 금지하라	226
형제자매간 싸움에 대처하는 양육가이드	232
양보를 가르치자	234
형제간 양보와 배려를 위한 양육가이드	238
경쟁적으로 거짓말하는 아이들	241
거짓말하는 아이를 위한 양육가이드	244
체벌로 아이를 다루려 하지 마라	246
동생 때문에 떼쓰는 첫째 아이, 어떻게 대해야 할까	251
떼쓰는 첫째를 다루기 위한 양육가이드	254
*감정발산놀이	256
*특별한 상황 대처법 Q&A	257

Column 5
사랑 그 자체인 둘째, 이유 없이 짠한 첫째, 모두 내 소중한 아이들_남매 키우기
〈투맘쇼〉 기획·출연 개그맨 김경아   259

참고 도서 및 문헌 목록   263

chapter 1.

성공한 사람 중엔 왜 둘째가 많을까?

● ● ● ● ● ● ● ● ● ● ●

성공한 둘째들에 대한 고찰
첫째와 다른 둘째의 사고방식
둘째를 생각하는 부모가 알아야 할 것들
둘 이상의 자녀를 키울 때 아빠의 역할
아빠에게 권하는 양육가이드
일하는 엄마와 둘째
일하는 엄마에게 권하는 양육가이드
Note. 둘째 아이 임신·출산이 첫째 이이와 다른 점
첫째에게 둘째 소식 전하기, 첫째 어린이집 보내기
첫째 아이, 어린이집에 잘 보내기 위한 양육가이드

칼럼1 둘이라서 쉽고 둘이라서 용감해진다_남매 키우기 리틀홈 대표 이나연

성공한 둘째들에 대한 고찰

드라마 〈응답하라 1988〉에서 둘째라는 이유로 부모에게 소외당해 울분을 터트리는 주인공 덕선의 모습에 수많은 둘째가 공감했다고 한다. 덕선은 자신과 언니의 생일이 사흘밖에 차이가 안 난다는 이유로 매년 언니의 생일에 맞춰 같이 축하를 받아왔다. 달걀부침, 통닭같이 맛있는 음식을 먹을 때도 늘 언니에게 밀린다. 집안에선 이렇게 치이며 성장하지만 누구보다 밝은 성격의 덕선은 동네 사람들은 물론 학교 친구들에게 두루 사랑받는다.

덕선과 같은 둘째는 대개 진취적이고 협업 능력이 뛰어나다. 둘째는 특히 위기에 강하다. 지시를 기다리지 않고 즉시 처리할 수 있는 상황을 좋아한다. 또한 위급하고 힘든 상황에 부닥친 사람을 위로할 때 연민의 정은 더욱 빛난다. 끊임없이 변화하고 긴급한 상황에서 둘째는 뛰어난 순발력과 문제해결력을 보이고, 이런 능력은 도움이 필요한 사람에게 신뢰감을 준다.

MIT대학교 맥아피(Andrew McAfee) 교수는 인공지능과 로봇으로 상징되는 기술 진보의 시대에는 고학력·고소득의 화이트칼라 전문직보다 감정노동과 잡무를 처리하는 직종이 더 경쟁력이 있다고 한다. 병원의 경우, 행정직이 가장 먼저 줄어들다가 다음엔 전문지식이 있어야 하는 의사가 실직하고, 그다음은 간호사가 실직한다는 것이다. 그래서 인공지능에 가장 늦게 대체될 직업은 인간미와 감정노동이 필요한 서비스 분야, 독창성과 신체적 극복이 중요한 예체능, 손이 많이 가는 농업과 공예 분야다. 자본의 논리로 보더라도 4차산업혁명시대에는 지식경쟁력으로 살아가던 고소득 전문직은 인공지능에 대체되기 때문에 줄어들게 된다.

이제 아이들은 단순히 지식을 쌓기 위한 공부만 해서는 안 된다. 문화예술 활동과 여행을 많이 하며 어려서부터 자신의 취미를 개발해야 한다. 그래서 자연스럽게 일찍부터 자신이 좋아하고 잘하는 분야에 몰입하고, 그런 몰입의 결과 특정한 분야의 고수가 되는 것이 미래에 살아남는 길이다. 따라서 부모는 아이가 지식과 스펙을 쌓는 데 급급해하지 말고, 많은 것을 경험하고 정보를 현장에서 활용하며, 창의력과 직관력을 키우는 데 도움을 주어야 한다.

둘째의 반란

둘째아이는 첫째라는 강력한 라이벌에 맞서 반항적으로 성장하다 보니 개방적이고 창조적이고 혁신적인 성향이 자연스럽게 형성되는 경우가 많다. 그래서인지 성공한 사람 중 외동보다는 둘째가 유독 눈에 띈다.

둘째는 첫째와의 절대적 비교에 특히 민감하다. 이런 이유로 둘째는 첫째가 아직 개척하지 않은 대상과 활동에 이끌린다. 둘째는 자신이 경쟁에서 우위를 차지할 수 있는 분야의 활동을 즐기기도 한다. 역사에 길이 남은, 혹은 세계적으로 유명한 둘째들을 소개한다.

알프레드 아들러 Alfred Adler, 1870~1937

오스트리아의 정신의학자, 알프레드 아들러 또한 둘째였다. 그의 형 지그문트는 총명하고 친절하며 모범적인 아이였다. 알프레드는 그런 형을 뒤쫓아 가야 하는 입장이었다. 하지만 알프레드는 어릴 적 구루병을 앓았기 때문에 달리기는커녕 몸을 움직이는 데도 어려움을 겪었다. 반면 형은 활기차고 건강하게 돌아다녔다. 그는 벤치에 앉은 채 형이 다른 형제들과 노는 모습을 부러운 듯 바라볼 수밖에 없었다. 이런 체험을 통해 그는 유약함이나 열등감은 오히려 그것을 극복하려는 힘을 낳는다는 교훈을 얻었고, 열등 콤플렉스와 우월함을 향한 노력 등에 대한 독자적인 심리학을 주장하게 되었다.

존 F. 케네디 John F. Kennedy, 1917~1963

미국 35대 대통령, 케네디는 역사상 가장 유명한 둘째라 할 수 있겠다. 어린 시절 그의 형 에드거는 지성과 인격이 모두 뛰어나 주위 사람 모두 둘째 존이 아니라 첫째 에드거가 정치가가 될 것으로 생각했다. 실제로 에드거와 비교하면 존의 능력은 평범한 수준이었기 때문에 주위에서 별다른 기대도 하지 않았다. 시간이 아무 일 없이 순탄하게 흘러갔다면 존은 정치와 상관없는 지극히 평온한 인생을 살아갔을지도 모른다. 그런데 생각지도 못한 일이 일어났다. 에드거가 세상을 떠난 것이다. 그러자 그때까지 햇빛을 받지 못했던 둘째 존에게 갑자기 기대가 쏠렸다. 그에 부응하듯 존도 완전히 다른 사람으로 변신했고, 모두가 아는 것처럼 미국 역사상 가장 유명한 최연소 대통령이 되었다.

볼테르 Voltaire, 1694~1778

18세기 프랑스 작가이자 계몽시인인 볼테르는 형과의 경쟁으로 시인이 되었다고 할 수 있다. 부모는 그저 재미로 볼테르와 형 아르만에게 시작(詩作) 경쟁을 시켰다. 볼테르는 쉽게 이겼다. 볼테르의 시가 아주 훌륭했던 것이다. 심판관이었던 아버지는 처음에는 기뻐했고, 나중에는 깜짝 놀랐다. 그렇게 경제적으로 불확실하고 무익한 재능이 발전하는 게 걱정스럽기까지 했다. 그러나 볼테르는 자신의 문학 작품으로 유럽 최고의 부자가 되었다.

그레고어 멘델 Gregor Johann Mendel, 1822~1884

유전의 법칙을 발견한 멘델은 세 자녀 가운데 둘째였다. 대학교에 재학 중일 때는 시험 걱정으로 두 번이나 신경 쇠약에 걸릴 정도로 예민하고 두려움과 수줍음이 많았다. 신경이 쇠약해지자 몸까지 아프기 일쑤였다. 이런 성격 탓에 멘델은 현실 세계와 맞서 싸우는 것에 두려움을 느껴 수도사가 되었다. 그러나 멘델은 지적으로는 혁명가였다. 소극적인 성격의 멘델이지만 식물을 이용하여 유전형질을 연구하였고 결국 혁명적인 이론인 유전의 법칙을 발견하였다.

미야자키 하야오 宮崎駿, 1941~

〈이웃집 토토로〉, 〈센과 치히로의 행방불명〉 등을 만든 애니메이션계의 거장 미야자키 하야오는 사형제 중 둘째로 태어났다. 첫째인 아라타는 형제 중 가장 존재감이 컸다. 아라타는 공부도 운동도 뛰어나고 싸움도 잘하는, 그야말로 리더의 품격을 갖춘 인물이었다. 그와 비교하면 소년 시절의 하야오는 학교에 잘 적응하지 못하는 얌전하고 과민한 아이였다. 그가 아이들에게 괴롭힘을 당하지 않고 무사히 학교에 다닐 수 있었던 것은 형 아라타 덕분이었다. 하야오는 믿음직한 형의 보호를 받으며 조용히 학창시절을 보냈다. 그런 하야오가 스스로 자기 의견을 말하게 된 것은 도에이 애니메이션에 취직하고 조합 활동을 하면서부터다. 애니메이션처럼 많은 사람과의 팀워크가 필요한 영역에서는 자기주장과 주위 의견을 잘 조율하는 것이 중요하다. 협업 능력이 뛰어난 하야오는 거장이라 불리면서도 개인보다는 지브리 스튜디오의 일원으로서 행동해왔고, 독특한 상상력으로 지브리의 대명사가 되었다.

헤르베르트 폰 카라얀 Herbert von Karajan, 1908~1989

세계적인 지휘자로 활약한 카라얀은 둘째로 태어났다. 형 볼프강은 헤르베르트보다 불과 16개월 위였지만 형에 대한 헤르베르트의 경쟁심은 어렸을 때부터 매우 강했다. 형은 체격도 좋고 사교적이며, 무엇을 해도 발군이었다. 동생은 그런 형을 항상 흉내 내면서 이기려고 들었다. 형에게는 음악적 재능이 있어 어린 시절부터 피아노 실력이 뛰어났는데, 그것을 보고 헤르베르트도 피아노를 배우기 시작했다. 그리고 몇 년 뒤에는 형을 뛰어넘는 실력을 자랑했다. 형도 훗날 오르간 연주자로 활약했지만 그것은 동생을 '세계의 카라얀'으로 발돋움하게 만든 디딤돌 정도였다.

토마스 만 Thomas Mann, 1875~1955

〈마의 산〉, 〈베네치아에서의 죽음〉 등의 걸작으로 알려진 독일 작가 토마스 만의 형 하인리히 만은 동생보다 먼저 성공한 작가였다. 두 사람은 독일을 대표하는 작가가 된 뒤에도 사이가 나쁜 것으로 유명했다. 형 하인리히는 낙천적이고 사교적이며 대범한 성격인 반면 동생 토마스는 소극적이며 고독을 좋아했다. 그래서 동생이 형을 멋대로 자극하여 싸움이 벌어지는 일이 어린 시절부터 잦았다. 전통을 중요시하는 진지하고 사색적인 작가였던 토마스 만은 형의 자유주의적이고 소시민적인 작품을 경박하고 피상적이라고 강하게 비난했고, 형과 경쟁관계를 유지했다. 어쩌면 이런 관계가 토마스 만을 성공으로 이끌었는지 모르겠다.

첫째와 다른 둘째의 사고방식

형제자매가 있는 사람은 어떤 형태로든 경쟁을 경험한다. 영국 유전학자로, 우생학의 창시자인 프랜시스 골턴(Francis Galton)은 첫째가 부모의 기대와 관심을 한 몸에 받는다고 가정했다. 그 결과 성공하는 사람 중 첫째가 많다는 것이다. 지크문트 프로이트(Sigmund Freud)는 형제간의 경쟁을 엄마의 사랑을 독차지하려는 투쟁으로 설명했다. 또 그의 제자 아들러는 형제가 자기 유전자의 생존을 위해 의식적으로든 무의식적으로든 서로 간의 차별성을 추구한다고 믿었다.

정신분석학자인 아들러는 출생 순서가 사람의 성격에 영향을 미친다고 주장했다. 그에 따르면 아이들은 끊임없이 형제와 자기를 비교하면서 자기가 잘났는지 못났는지, 부모의 사랑을 누가 더 많이 받는지 등을 확인한다는 것이다. 그는 둘째로 태어나 자신보다 능력 있고 엄마의 사랑을 독차지하는 형에 대한 질투심으로 쓰라린 경험을 했다. 동생이 태어난 후에는 엄마의 사랑이 동생에게 집중되는 것에 질투심을 느꼈다. 하지만 동생이 어린 나이에 죽게 되자 아들러는 죄책감에 시달렸다고 한다. 아들러는 훗날 자신의 경험에 근거해, 같은 부모 밑에서 태어난 형제라도 출생 순서와 부모의 사랑을 독차지하려는 경쟁으로 인해 제각기 다른 성격을 형성한다는 '출생 순서 이론'을 제시했다.

아이들의 성격을 추적해보면 첫째가 가장 보수적이다. 그들은 외동아이보다 훨씬 더 보수적이다. 첫째는 더 어린 형제의 존재에 대응해 사회적으로 더 보수화된다. 둘째는 첫째와 비교할 때 자신감이 넘치고, 경쟁적이며, 권리에 집착하고, 감정이 격렬하며, 패배에 상심한다. 물론 이런 성격의 차이는 성별에 따른 영향도 무시할 수 없다. 첫째로 태어난 여자아이와 둘째로 출생한 남자아이로 구성된 남매의 경우 실제로 여자아이가 남자아이보다 더 남성적이다. 종합해보면 출생 순서가 성격에 미치는 영향력은 성별에 의한 영향력의 3분의 2 정도이다. 형제들은 오래 함께 생활하면 할수록 더 큰 차이를 보인다. 연구에 의하면 출생 순서는 경험에 대한 개방성과 성실성에 영향을 미친다. 나아가 출생 순서는 외향성보다 수용성과 신경성 분야에 영향을 미친다. 출생 순서는 반항적인 성향과 관련된 성격 요인에는 영향을 미치지만 수줍음과 관련된 성격 요인에는 크게 영향을 미치지 않는다.

미국 펜실베이니아주립대학 인류발달학 교수, 수전 맥헤일(Susan McHale)은 진화의 관점에서 볼 때 서로 다른 성향의 형제가 생존에 유리하다고 주장한다. 자연 선택의 압박이 가해질 때 형제가 똑같다면 전부 살아남지 못할 가능성이 크다는 것이다. 아들러에 의하면 외동아이였던 첫째가 동생이 태어나 부모의 관심을 빼앗기게 되면 성격에 영구한 영향을 받는다고 하였다. 첫째는 동생이 태어난 뒤 일종의 '폐위된 왕'이 돼, 다른 사람의 애정이나 인정을 얻고자 하는 욕구에 초연해서 혼자 생존해나가는 전략을 습득한다. 둘째 아이는 형이나 누나라는 속도조정자(pacesetter)의 자극을 받아 경쟁심이 강하고 야심적으로 된다는 것이다.

출생 순서의 허와 실

최근 연구 결과에 따르면 출생 순서에 따라서 성격이 결정된다는 생각에 의문을 제기하는 사람도 많다. 근거 중심(Evidence-based) 심리학의 흐름에 비추어보면 일치하지 않는 경우가 많고, 핵가족 중심인 가족 환경에서는 이를 검증하기도 어렵다는 것이다.

형제자매가 있는 사람은 그들이 서로 너무 다르다는 사실을 잘 안다. 부모와 가족력은 같지만 성격은 모두 다르다. 그런 당혹스러운 차이는 직감적으로 출생 순서로 설명하는 게 가장 쉽다.

그러나 현실에 적용해보면 일치하지 않는 경우가 많다. 예를 들어, 첫째는 가족의 관심과 귀여움을 한 몸에 받아서 가족의 가치관을 바탕으로 자신의 자리를 확보하기 때문에 보수적이라고 하는데, 급진적이고 파격적인 행동을 하는 첫째도 많다. 마찬가지로 둘째 아이는 첫째가 이미 관심을 받고 있기 때문에, 그와는 다른 방향으로 관심을 끌기 위해 반항적인 경우가 많다지만 반대로 형이나 언니에게 의존하면서 순둥이로 크는 경우도 많다. 수십 년에 걸친 연구에서도 그런 연관성을 보여주는 일관적이고 실질적인 증거가 나타나지 않았다.

최근 미국·영국·독일의 대규모 연구에서는 성별과 나이, 가족 규모 등의 요인을 통제한 결과 특정 성격과 출생 순서의 연관성이 통계적으로 믿을 만하게 나타나지 않았다. 같은 가족 안에서나 다른 가족과 형제들을 비교할 때 첫째의 성격은 동생들과 크게 다르지 않았다. 첫째는 둘째보다 성실성이 약간 높게 나왔지만 기대와 달리 수용성은 약간 높고 신경성은 약간 낮았다.

출생 순서와 성격의 연관성이 극히 낮은데도 왜 사람들은 출생 순서에 따른 특징이 있다고 믿을까? 이런 믿음은 출생 순서와 나이를 혼동하는 데서 온다.

형제의 성격 차이는 첫째의 나이에 따른 성숙도가 반영됐을 가능성이 크다. 예를 들어 성실성은 아이의 발달 과정에서 자연스럽게 강화된다. 첫째는 동생보다 나이가 많아 어느 시점에서나 더 성실한 경향을 띤다. 더구나 출생 순서가 초기 가족 생활의 맥락에선 행동의 차이와 연관이 있어서, 나이 많은 형제는 좀 더 지배적이고 책임감이 강하며, 어린 형제는 좀 더 응석을 부리고 자유분방한 경향이 있다. 하지만 어린 시절 가족 환경이라는 좁은 울타리 안에서 특정 역할의 차이가 성인 생활의 넓은 세계에서 특정 성격으로 일반화되지는 않는다. 필자에게도 아들과 딸이 있는데, 형제의 일반적 특성을 빼닮았다. 첫째인 아들은 성실하고 규칙적이고 익숙하고 오래된 것을 좋아한다. 반면 둘째인 딸은 진취적이며 낯선 일을 경험하는 걸 두려워하지 않고 새로운 것을 좋아한다. 출생 순서와 성격의 연관성이 절대적이진 않더라도 나이에 따른 성숙도는 분명 존재하기 때문에 이러한 차이가 나타나는 것 같다.

첫째와 둘째의 특성은 부모의 태도와 연관 있다

첫째와 둘째라는 이유로 특정 성격을 타고나지는 않지만 형제가 성격이 판이하게 다른 경우는 흔히 볼 수 있다. 많은 부모가 아이를 키우면서 느끼는 부분이기도 하다. 같은 형제라도 성격이 완전히 다르다고 느끼는 이유는 앞에서 이야기한 나이에 따른 성숙의 영향도 있을 것이지만 근본적으로는 환경의 차이와 부모의 태도에 따른 영향 때문인 경우가 많다. 타고난 부분도 중요하지만 첫째, 둘째로서 받는 후천적인 영향도 큰 부분을 차지하는 것이다.

첫째 아이

모든 첫째는 한동안 외동아이의 상황을 경험하다 경쟁자인 동생이 태어나면 준비가 되지 않은 상태에서 갑작스럽게 지위를 박탈당한다. 문제행동을 통해 부모의 관심을 얻는 데 실패한 아이들은 비판적으로 자라며 타인과 어울리기 어렵다. 이런 첫째가 어른이 되면 대개 한때 자신이 지배했던 작은 왕국의 권력과 권위의 중요성을 각인해 권한을 행사하는 일에 즐겨 참여한다. 강한 보수적 성향이 이런 배경에서 생긴다.

대부분의 부모는 첫째에게 양보를 강조한다. 환경이나 성격에 따라 다르긴 하지만 일반적으로 첫째는 배려심이 깊은 편이다. 또 동생을 돌봐야 한다는 책임감을 느끼기도 한다. 따라서 첫째는 스스로 부담감을 느끼고 노력하려는 경향이 있어 책임감이나 계획성이 높은 편이다.

브리검영대학의 경제학과 교수 조지프 프라이스(Joseph Price)의 연구에 의하면 첫째 아이는 부모와의 일대일 시간이 동생들보다 3,000시간 이상 많다고 한다. 이는 하루로 치면 약 20분에서 30분 정도의 시간이 된다. 첫째는 부모와 대화하는 시간이 더 많기 때문에 결과적으로 높은 IQ와 교육 수준을 얻게 된다고 한다.

미국의 역대 대통령은 대부분 첫째였다. 첫째는 자신감이 넘치고 똑똑할 뿐만 아니라 결단력이 있다. 다시 말해 리더의 자질을 갖추고 있다. 기업의 최고경영자나 노벨상 수상자, 그리고 경제적, 학문

적으로 성공한 인물 중에 첫째가 많다.

둘째 아이

둘째는 자신의 삶을 첫째에 비추어보는 경향이 강하며 좀 더 자유롭고 낙천적이다. 첫째와 비교를 당하기 일쑤이므로 경쟁심이 강하고 일탈을 일삼기도 한다. 둘째는 세상에 태어나면서부터 나보다 힘세고 큰 첫째, 즉 막강한 경쟁 상대가 있음을 알게 된다. 형을 이기기 위해 다소 투쟁적이거나 공격적인 성향을 보이기도 한다. 따라서 둘째 아이는 첫째의 장점을 능가하기 위한 자극과 도전을 받는다. 이런 성향으로 인해 둘째가 첫째보다 재능이 뛰어나거나 성공하는 경우가 많다. 말이나 걸음도 첫째보다 빨리 익힌다. 늘 자기가 형보다 낫다는 것을 증명해야 한다는 부담감을 가지고 살아간다. 그 결과 둘째는 경쟁심이 강하고 큰 야망을 품게 된다. 이들은 대개 모험심이 강한 직업군을 택하는 성향이 강하다.

둘째는 책임을 회피하고 덜 혼난다. 둘째는 덜 혼나기 때문에 위험한 행동을 할 수 있으며, 반항적이고, 규칙을 어기는 일도 많다. 둘째는 장난스럽고, 창조적이며, 충동적이고, 사회성이 강하고, 외향적이고, 느긋하며, 태평한 기질을 갖는다. 또한 둘째는 창의적이고 자유로운 태도를 지닐 가능성이 크고, 협동심이 강하며, 다른 사람의 관점을 더 잘 이해한다.

둘째는 첫째와의 충돌을 피하면서 자기 이익을 챙기는 능력이 뛰어나다. 첫째에게 힘으로 맞설 수 없다는 것을 일찍이 깨닫기 때문에 첫째와 정면으로 부딪치는 것을 피하고 첫째의 마음에 들려고 애씀으로써 안전을 확보하고자 한다. 또한 첫째를 관찰하면서 자연스레 인간관계가 어떤 식으로 움직이는지 알아차리는 능력이 생긴다. 이렇게 대인관계를 조정하는 능력이나 타인의 마음에 들고자 애씀으로써 활로를 찾는 기술은 커서 협업을 하는 데 큰 도움이 된다. 둘째는 중재자로서도 훌륭한 면모를 갖추게 된다. 둘째는 분노하지 않고 갈등을 해결하기 위해 자신의 논리를 사용한다. 둘째는 애초에 갈등이 왜, 어떻게 일어났는지 정확하게 짚어내서 사람들의 마음을 사고, 갈등을 해결한다.

둘째를 생각하는 부모가 알아야 할 것들

　우리나라의 출산율은 1.2명(통계청, 2016년)으로 전 세계 최저 수준이다. 현실적인 문제 때문에 둘째 낳기를 포기하는 부모가 많다는 뜻이다. 부모가 선뜻 둘째 낳기를 꺼리는 것은 경제적인 문제가 가장 크다. 아이 한 명을 낳아 대학까지 졸업시키는 데 3억 894만 원이나 든다고 한다(한국보건사회 연구원, 2012년). 그 밖에 엄마의 나이나 집안 여건 등 여러 가지 이유로 둘째 낳기를 망설이게 된다.

　그래도 둘 이상을 낳아 행복하게 잘 키우고 있는 부모도 많다. 하나일 때보다 힘은 들지만 엄마 스스로 성장했다는 자부심도 느끼고 부부 사이도 좋아진다. 첫째도 혼자 지낼 때보다 성격이 좋아지고 독립심도 커진다.

둘째를 계획하기 전에 고려해야 할 것들

둘째를 계획하고 있다면 먼저 신체적 준비가 필요하다. 임신과 출산은 물론, 부모가 되기 위한 마음의 준비와 육아 계획도 세워야 한다. 고령 임신이 많은 만큼 임신 시기뿐 아니라 어디서 출산할 것인지, 산후조리는 어떻게 할 것인지, 아이는 누가 키울 것인가까지 미리 계획해야 한다.

엄마의 연령과 건강

초산 연령이 점점 늦어지는 데다 첫째가 어느 정도 큰 뒤에 둘째를 갖는 경우가 많다 보니 자연스럽게 고령 임신부가 많아지고 있다 (33쪽 그래프 참고). 결혼이 늦어진 만큼 출산이 늦어지고, 둘째는 더 뒤로 밀린다. 2015년 우리나라 여성의 초산 산모 평균 연령은 만 32.2세이다. 첫째를 낳고 2~3년만 지나도 금세 고령 임신이라 하는 만 35세에 도달한다. 35세가 넘으면 의학적으로 불임 가능성이 높고, 임신이 되어도 유산이나 다운증후군, 기형아를 출산할 위험이 높아진다. 엄마의 나이가 둘째 낳기를 주저하게 만드는 원인 중 하나가 된다는 뜻이다. 출산 후 산모의 몸이 임신 전 상태로 회복되는 데 걸리는 시간은 최소 6주에서 6개월 정도인데, 둘째 출산의 경우 회복이 2개월 정도 더디다. 첫째를 돌보느라 엄마의 건강을 챙기기 힘들기 때문이다. 게다가 두 아이를 키우면 수면 부족과 만성피로 등으로 몸은 더 힘들어진다.

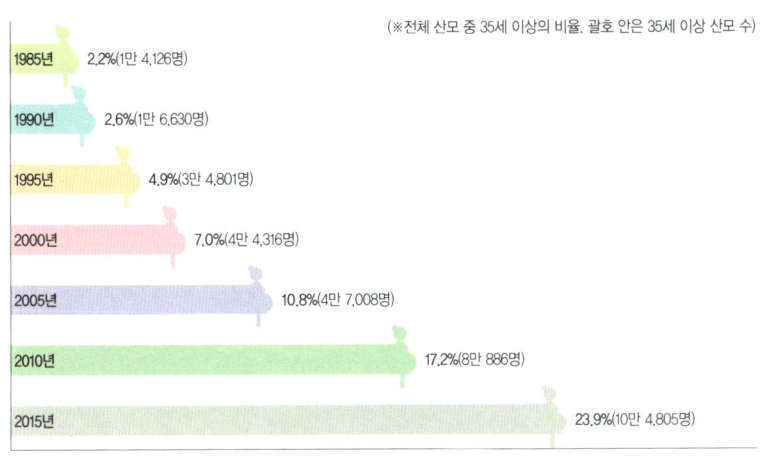

35세 이상 고령 산모 증가 수치   2015년 출생 통계, 통계청, 2016년

경제적인 상황

아이의 양육비와 교육비가 가계에서 차지하는 비율이 높은 만큼 체계적인 계획이 필요하다. 한국보건사회연구원 자료에 따르면 한 자녀일 때 월 64만 8천 원이던 양육비용이 두 자녀일 때는 128만 6천 원으로 훌쩍 뛰었다(2015년 전국 출산력 및 가족보건·복지실태조사, 한국보건사회연구원). 첫째를 키우며 필요한 비용이 어느 정도인지 따져보고 저축해놓은 돈은 얼마인지, 향후 1년 동안 추가로 발생하는 비용도 고려해야 한다. 워킹맘이라면 자신이 휴직하게 되었을 때 가계에 어느 정도 영향을 미치게 될지도 점검하자.

아빠의 육아 참여도

육아를 하는 데 아빠의 도움은 반드시 필요하다. 엄마가 밀린 가사와 육아로 바쁠 때 아빠의 역할이 중요하므로, 둘째 임신 전 아빠와 육아 참여를 충분히 상의해야 한다. 아빠가 둘째 낳기를 꺼리거나 육아에 비협조적인 상태라면 둘째를 계획하는 데 어려움이 있다. 또한 아빠도 목욕이나 놀아주기 등 육아에 적극적으로 동참해야 한다. '아기 목욕시키기', '주말 아침 식사 담당' 등 구체적으로 육아 분담을 해두어야 아빠의 참여도 현실적이 된다.

가사노동의 분담

모유수유, 첫째와의 애착 유지 등 반드시 엄마가 직접 해야 하는 육아를 제외한 가사노동은 도우미나 조부모 등 다른 사람의 도움을 적극적으로 받자. 특히 산후조리와 육아를 도울 가사도우미를 부를 계획이라면 일찌감치 준비해야 한다. 집을 깨끗하게 정돈하고 기본적인 식사를 챙겨주는 것만으로도 큰 도움이 된다.

두 자녀 이상일 경우, 부부가 함께 집안일을 하지 않으면 어느 한쪽(주로 엄마)의 불만이 커질 수밖에 없다. 퇴근 후 저녁 설거지, 토요일 오후에는 집 안 청소, 일주일에 한 번 욕실 청소 등 남편이 할 수 있는 집안일 리스트를 같이 정리해보고 남편도 최대한 육아와 가사노동에 참여해야 한다. 상황이 된다면 조부모와 합가를 하거나 이웃에 사는 것도 고려한다.

바람직한 터울

첫째는 동생이 태어나면 사랑과 관심을 빼앗기는 것 같아서 질투하고, 동생 역시 부모의 사랑을 차지하기 위해 경쟁한다. 이러한 경쟁관계는 첫째와 둘째 사이의 터울이 중요한 변수가 된다. 소아청소년과교과서에는 바람직한 터울로 2년 6개월을 제시하고 있다. 출산 후 엄마의 건강이 완전히 회복되는 시기인 데다 아이가 어느 정도 말을 알아듣고 스스로 잘 걸을 수 있어 어린이집에도 등원할 수 있기 때문이다. 또 형제의 나이 차이가 너무 크면 첫아이 키울 때의 상황이나 정보를 많이 잊어버려 육아를 새로 시작한다는 생각에 힘들고, 반대로 터울이 너무 적으면 경쟁의식 때문에 두 아이의 싸움이 잦다.

아이의 성향도 고려해야 한다. 유난히 질투심이 강하거나 예민한 아이라면 평소에 동생이 생긴다는 사실을 충분히 인식시켜야 한다. 여자아이는 정서적 성숙이 빨라 24개월이 지나면 동생을 보아도 괜찮지만 남자아이는 적어도 3살이 넘었을 때 동생을 보는 것이 좋다.

둘 이상의 자녀를 키울 때 아빠의 역할

앞에서 언급한 대로 아들러는 6남매 중 둘째로 태어났다. 어린 시절, 그는 둘째로서 형에 대한 질투와 열등감에 사로잡혀 형을 이기기 위해 부단히 노력했다. 연이어 태어난 동생 때문에 엄마의 사랑을 빼앗기고 엄마의 사랑을 다시 되돌리기 위해 고군분투해보지만 결국 실패로 돌아간다. 이런 이유로 다른 형제에 비해 아빠의 보살핌을 주로 받고 자랐는데, 이는 아들러의 삶에 큰 영향을 미쳤다.

학창시절 아들러의 삶은 순탄하지 않았다. 열등감과 좌절, 방황, 학교 부적응 등으로 힘들어하는 그에게 교사는 다른 학교로의 전학을 권하기도 하였다. 이때 누구보다 아들러를 사랑하고 잠재 능력을 알아주었던 아빠는 아들을 끊임없이 격려하고 역경을 극복할 수 있도록 도왔다. 이 모든 과정은 아들러의 형제관계에서 시작되었고, 이후 그가 형제관계에 대한 심리학적 이론을 세우는 데 큰 영향을 미쳤다.

　본능적으로 아빠는 아이들, 특히 남자아이는 왕성한 신체 활동과 신체 접촉이 필요하고, 공격적인 형태로라도 자신을 표현할 필요가 있다고 느낀다. 또한 아빠는 나이가 아무리 어려도 개성을 존중하는 것이 대단히 중요하다고 생각한다. 아빠는 어른을 대할 때와 똑같이 아이들을 대하면서 그들에게 관심을 보이고 존중한다. 그리고 그런 경험을 진심으로 기뻐한다. 아빠가 아이들과 성실한 태도로 대화하는 이유는 그들과 존경과 신뢰를 바탕으로 유대관계를 맺고 싶어서다.

아빠의 육아 참여도와 가정 분위기

　연구에 의하면 자녀와 관련된 의사 결정을 아빠가 주로 하거나 부부가 공동으로 할 경우 둘째를 임신, 출산할 확률이 그렇지 않은 가정에 비해 2.4배, 1.6배 높은 것으로 나타났다.

　엄마는 둘째를 임신하면 첫째 육아까지 병행해야 하므로 어려움이 많다. 아이가 어린 경우는 더하다. 엄마가 아기를 먹이고 입히고 재우는 일을 반복하다 보면 피로도 쉽게 쌓이고, 입덧을 해도 아이는 챙겨 먹여야 하므로 심리적인 스트레스도 커진다. 그만큼 아빠의 도움이 절대적으로 필요하다. 그러니 둘째 임신 전 육아 분담에 관해 부부가 적극적으로 상의해야 한다. 만약 아빠가 둘째 낳기를 꺼리거나 현재 육아에 무관심해 전혀 협조하지 않는 상태라면 어려움이 있다. 마음의 준비, 경제적 준비가 안 된 상태에서 아이를 가지면 임신 기간에도 아이를 가진 기쁨을 온전히 누리기 어렵고, 출산 뒤에도 힘겹기만 하다. 그래서 둘째는 반드시 계획 임신을 하는 것이 좋다. 둘째를 낳아 키울 만한 마음의 준비가 됐는지 확인해야 한다. 무엇보다 엄마 아빠의 확실한 육아 분담이 필요하다. 특히 터울이 적을 경우 첫째도 챙겨야 할 것이 많아 더 힘들다.

육아에 지치면 부부싸움도 잦아진다. 아빠가 집안일도 많이 하고 육아에 동참하는 편이라도 둘째가 생기면 힘에 부친다. 또 둘째가 생기면 첫째에 대한 신경을 덜 쓰게 된다. 할 일이 많으니까 같이 놀아주지도 못하고 방치할 때가 많다. 그때 아빠의 역할은 아이들에게 중요하다.

아빠가 육아를 쉽게 제대로 하려면 공부를 많이 해야 한다. 젖 먹이기부터 기저귀 갈기, 목욕 시키기, 이유식 만들기, 밥 먹이기, 함께 놀기, 함께 외출하기, 책 읽어주기, 예방주사 맞히기, 아플 때 돌보기 등 온갖 상황을 같이 할 수 있어야 한다. 대부분의 남성은 잠깐 놀아주는 것, 기저귀를 갈거나 분유를 먹이는 것 정도에 동참한다. 아이 돌보는 것에도 적극적이지 않으면서 집안일도 자기 일이라 생각하지 않는다. 원래 집안일은 엄마의 일인데 본인이 도와준다고 생각하면 둘째 육아는 힘들어진다.

● 정신적 여유를 챙기자

아빠가 계속 스트레스를 받고, 다른 일에 집중한 상태라면 둘째 육아가 부모 모두에게 힘들어진다. 아빠의 엄마에 대한 배려는 정신적 안정에서 나온다. 아무래도 첫째보다 둘째는 덜 설레기 때문에, 둘째에 대해 배려하는 것 역시 덜할 수 있다. 그래서 아빠의 정신적 여유가 중요하다. 경제적 여유가 있으면 더욱 좋겠지만 쉽지는 않다. 아이를 키울 때는 돈 모으고 재산을 불리는 것은 일정 부분 포기할 수밖에 없다.

● 육아를 분담하라

엄마가 첫째와 외출하거나 놀 때 아빠는 둘째에게 밀착해 있고, 또 엄마가 동생을 돌봐야 할 상황에는 아빠가 첫째와 시간을 보내는 식으로 육아를 분담해야 한다.

첫째를 엄마가 돌볼 것인가 아빠가 돌볼 것인가의 선택은 되도록 아이가 직접 하는 것이 좋다. 먹고 재우는 정도의 기본적인 둘째 돌보기는 엄마, 아빠 중 누가 해도 크게 상관없다. 하지만 동생으로 인해 상실감을 가진 첫째에게 엄마, 아빠를 고를 수 있는 선택권을 주면 만족감이 크다.

● 부부간 육아관의 일치가 필요하다

나이 차가 적은 연년생이나 쌍둥이의 경우 한 명은 엄마, 다른 한 명은 아빠에게 매달려 유독 애정 표현을 하는 경우가 있다. 그만큼 서로간의 경쟁심을 많이 느끼기 때문이다. 싸울 때면 어김없이 엄마 또는 아빠에게 매달려 편을 들어달라고 떼를 쓴다. 이때 부모의 태도가 중요하다. 당장 아이들 싸움을 멈추게 하려고 각각 한 명씩 맡아서 편을 들어주는 경우도 있지만 결과적으로 두 아이 모두에게 상처가 된다. 엄마와 아빠는 누구의 편도 아니며, 두 아이 모두를 똑같이 사랑하고 있음을 알려주어야 한다.

● 아이의 '싫어'라는 반응에 감정적으로 대응하지 마라

아이는 주 양육자가 엄마이다 보니 상대적으로 같이 있는 시간이 적은 아빠의 말이나 행동 방식이 익숙지 않아 아빠에게 반발하기 쉽다. 아빠가 무엇을 제안해도 '싫어', '안 해' 등 부정적으로 반응하고 심한 경우 아빠를 때리기도 한다. 온종일 일하고 온 아빠로서는 집

안에서까지 환영받지 못한다는 생각에 울컥해서 자신도 모르게 아이에게 화를 내는 경우가 종종 생긴다. 하지만 아이에게 다가가려는 노력은 어른이 먼저 해야 한다. 작은 것부터 같이하면서 아이와의 갈등을 해결해보자.

● 아이에게 경쟁을 가르쳐라
아빠와의 게임은 느긋하게 재미나 보자는 심정으로 할 수 있는 그런 시합이 아니다. 아빠는 일부러 져주거나 칭찬을 퍼부어 아이의 자존감을 높일 수 있다고 생각하지 않는다. 아빠는 이기기 위해, 그리고 아이에게 진정한 경쟁이 어떤 것인지 가르치기 위해 아이와 게임을 한다. 아빠는 게임을 통해 복잡하게 얽힌 문제 앞에서 몇 수를 내다보고 계획하는 법을 가르친다. 이런 경쟁의식은 아이가 놀이나 운동을 할 때, 커서 직업을 가졌을 때 최고의 기량을 뽐낼 수 있게 한다.

● 아이와 몸놀이를 하라
아빠가 엄마에 비해 상대적으로 유리한 지점은 격렬한 몸놀이가 가능하다는 것이다. 아이들은 바닥에 부동자세로 양반다리를 하고 앉아 있는 아빠 위에 올라타 밀치며 논다. 아빠는 아이들의 공격에 간지럼과 목에 퍼붓는 키스로 반격한다. 이 놀이는 아이들이 아빠를 밀어 바닥으로 쓰러뜨리면 이기는 것이다. 아이들은 한 명씩 차례로 뒤에서 아빠를 공격하고, 아빠는 아이들 겨드랑이 아래를 잡고 앞으로 넘긴다. 아이들은 갑자기 고꾸라지기도 하고 아빠 무릎 위에 떨어져 꼼짝없이 붙들리면서 아빠와의 몸놀이를 즐길 것이다.

일하는 엄마와 둘째

맞벌이를 하다 보면 첫째 때와는 달리 둘째는 고민을 하게 된다. 퇴근 후 집에서 쉴 틈도 없이 육아 전쟁을 치러야 하는 워킹맘에게 둘째 낳기는 선뜻 결정할 수 없는 고민거리다. 입주 도우미나 친정 혹은 시어머니의 도움으로 아이를 키우고 있더라도 회사 다니며 둘째를 임신하기란 만만치 않다. 다만 시간이 지나면 점차 가벼워지고 어느 순간 '둘째 낳기 정말 잘했다'는 생각이 든다는 선배 맘의 이야기만 위안이 될 뿐이다.

워킹맘의 조건

워킹맘의 둘째 출산율은 전업맘에 비해 현저히 낮다. 출산으로 인해 경력 단절이 되거나 승진 등에 불이익을 당할 가능성이 높기 때문이다. 특히 자영업이 아닌 어딘가에서 근로자로 일할 경우, 엄마

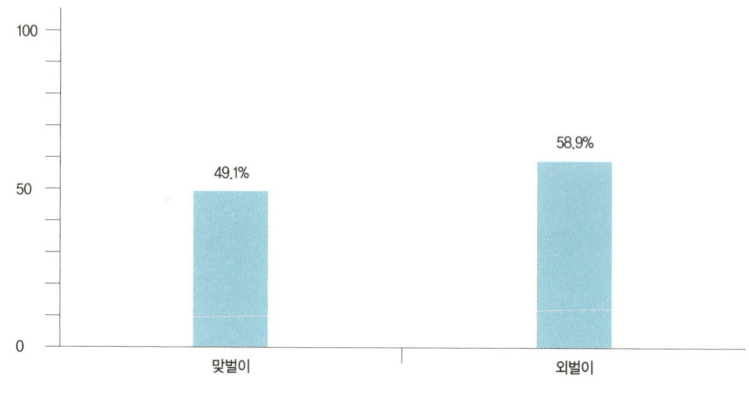

두 자녀 이상 근로자 가구 수입 형태별 비율 통계청, 2009년

가 일하면서 아이를 키우기는 더 힘들다. 2009년 통계청에서 조사한 자료에 따르면 맞벌이 가구 중에서 자녀가 두 명 이상인 경우는 49.1%로 절반이 채 안 됐으나 외벌이는 58.9%로 맞벌이보다 10% 가까이 높았다. 그만큼 워킹맘으로 아이를 키우기는 힘들고, 둘째까지 키우기는 더 힘들다는 현실을 인식하고, 둘째 출산을 생각하고 있다면 냉정하게 따져보고 신중하게 결정할 일이다. 왜 둘째를 낳으려고 하는지, 직장 생활이 힘들어 그만둘 계기를 찾고 있는 건 아닌지, 커리어우먼으로서 자신의 목표는 무엇인지 다시 점검할 필요가 있다. 직장이 승진이나 인사평가에서 불이익을 주거나 노골적으로 싫어하는 분위기라면 둘째 출산은 한 번쯤 재고해야 한다. 공무원이나 교사, 여성이 많은 직장 등 몇몇 직종을 빼고 대다수 기업은 생각 외로 보수적이다.

워킹맘에 대해 관대한 분위기라면 둘째 임신 계획이 희망적이지만 임신과 육아에 대한 배려가 전혀 없다면 하나도 아닌 두 아이 키우기는 힘들다. 육아 휴직을 사용할 수 있는 회사가 늘고는 있지만 정부가 보장하는 3개월의 출산 휴가조차 맘껏 쓰지 못하는 회사가 의외로 많다. 승진이나 회사 평가에서 불이익을 당할 가능성도 염두에 두어야 한다. 직장 상사와 동료와의 관계 역시 중요하다. 회사를 계속 다닐 생각이라면 직장인으로서 능력을 인정받는 것도 중요하기 때문에 평소 업무를 빈틈없이 처리하며 필요한 동료라는 인식을 심어주자. 그래야 아이가 많이 아프거나 중요한 순간에 동료에게 이해를 구할 수 있다.

복직 후의 어려움

워킹맘은 출산 휴가를 끝내고 복직하는 순간부터 어려움의 연속이다. 출산 휴가 동안 갓난아기를 돌보느라 쉬기는커녕 잠도 제대로 못 잤지만 회사 동료들은 말 그대로 '휴가'를 쓰고 왔다 생각하므로 눈치가 보인다. 아이를 어린이집에 보냈다 하더라도 상담이나 학예회 등 부모가 참여해야 하는 행사가 많고, 방학이나 휴원할 때도 부모 중 누군가는 휴가를 내야 한다. 게다가 아이가 아프면 병원에 데려가야 해서 또 휴가가 필요하다. 법적으로 한 해를 만근하면 주어지는 연차 휴가는 15일인데, 여름과 겨울, 봄방학만 해도 어린이집이나 유치원이 적어도 13일 이상, 국공립 기관이나 초등학교 이상이면 방학만 해도 두 달이 훌쩍 넘는다. 법적 연차 휴가 일수를 모두 소진해도 아이를 돌보기가 버겁다. 아이가 아프다는 이유로 직장에 휴가를 내거나 조퇴, 정시 퇴근을 하려면 눈치를 봐야 한다. 며칠만 집에서 쉬게 하면 금방 낫겠지만 사정이 허락하지 않아 겨우 병원만 다니는 형편인데, 그나마도 상사와 동료에게 아쉬운 소리를 해야 한다. 특히 직속 상사가 워킹맘에 대해 노골적으로 싫어한다면 불이익을 받거나 속상한 말을 들을 가능성이 높다. 그렇다고 회사에서 두 아이를 키우기 힘들다고 푸념하거나 잠을 못 잤다고 자주 불평을 하지 않도록 주의하자. 평소 맡은 업무를 확실하게 처리하고 출퇴근 등 근태에 신경 쓰는 것은 물론 옷도 잘 챙겨 입는 등 밝고 긍정적인 인상을 심어주는 것이 중요하다. 아직은 우리 사회에서는 일하는 엄마에 대한 시선이 너그럽지 않기 때문에 감내해야 할 부분이 많다.

● **계획 임신을 하고 평소 자기 시간을 갖자**
아이가 아플 때마다 반차를 사용하다 보면 휴가 한 번 제대로 쓰기 어렵다. 야근이라도 하게 되면 아빠와 서로 누가 아이를 데리러 가느냐로 실랑이를 벌이다 부부싸움을 할 수도 있다. 경제적인 부담으로 비싼 외식도 가족여행도 하기 쉽지 않다. 몸과 마음이 지치기 쉽다는 것을 염두에 두고 계획 임신을 하고, 평소에 자기 시간을 갖고 여가를 즐기자.

● **당당하게 일하라**
똑같이 열심히 일해도 워킹맘이라는 이유로 능력을 평가절하 받기도 한다. 아이 때문에 경쟁력에서 밀린다는 아쉬움보다, 아이가 주는 기쁨을 생각하며 마음을 비우면 직장생활이 한결 편안하다. 또 워킹맘은 아이에게 미안해하기 쉬운데, 당당하게 열심히 일하는 엄마의 모습이야말로 좋은 본보기가 된다.

● **주변 도움이 필수다**
엄마의 출퇴근 시간을 기관이 커버해주지 못하는 경우 주변 도움은 필수다. 어린이집이나 유치원은 9시에 시작하고 학교조차 8시 30분에 등교를 한다. 방과 후 수업이나 돌봄 교실을 이용해도 프로그램은 기본적으로 5~6시면 끝나는데 워킹맘은 일찍 퇴근해도 8시가 넘어 집에 오는 것이 다반사다. 아빠와 조부모의 적극적인 도움이 필요하다.

● **조부모가 키워줄 때는 조부모 방식을 존중하라**
조부모 육아가 아이에게 정서적으로는 좋지만 교육 부분은 미진한 점이 있다. 따라서 조부모에게 도움을 받다 보면 육아 방식이 달라 스트레스를 많이 받게 된다. 하지만 아무 대가 없이 아이를 정성으로 돌봐줄 사람은 조부모밖에 없다. 조부모에게 아이를 맡겼다면 조부모의 방식에 일일이 반기를 들기보단 그대로 키우게 하는 것이 아이들 정서에도 더 좋다.

● **여건이 된다면 도우미를 활용하라**
맞벌이를 하는 가장 큰 이유는 경제적 여유 때문일 것이다. 하지만 아이를 낳고 키우며 예전과 같은 경제적 여유를 꿈꾼다는 것은 욕심이다. 조부모의 도움이 여의치 않고 경제적 상황이 허락한다면 입주 도우미나 출퇴근 도우미가 해결책일 수 있다. 도우미의 도움을 받으면 경제적으로 지출은 많지만 안정된 육아가 가능하다. 조부모에 대한 미안함도 없고, 바쁜 아침마다 아이를 맡기느라 남편과 싸울 일도 없다.

● **질적인 상호작용이 필요하다**
엄마가 둘째를 돌봐야 할 경우, 그 사이 아빠는 첫째와 함께 놀아주어 첫째도 똑같이 보살핌을 받고 있다는 느낌이 들게 한다. 워킹맘이라도 하루 최소 30분 정도 시간을 형제 각자와 시간을 따로 가져 아이 입장에서 부모가 온전히 자신만을 위해 시간을 낸다는 느낌을 주도록 하자. 매일 일정 시간을 내기가 어렵다면 따로 노는 요일, 시간, 각자 아이가 원하는 놀이를 정해놓고 함께 시간을 보내는 것도 방법이다.

둘째 아이 임신 · 출산이 첫째 아이와 다른 점

• **첫째 때보다 분만이 더 수월하다**
보통 첫째를 낳을 때는 진통 시작 후 자궁문이 완전히 열릴 때까지 8시간 정도, 아기가 밖으로 나올 때까지는 50분 정도 걸린다. 반면 둘째를 낳을 때는 첫째 때보다 소요시간이 줄어들어 분만 1기 5시간, 2기 20분 정도로 짧다. 둘째 때는 자궁이 호르몬에 예민해져 자궁 근육이 효율적으로 움직이고 자궁경부도 더 빨리 열리기 때문이다. 물론 이는 통계상 수치이고 예외적인 경우는 항상 있다는 것을 기억하자.

• **첫째 아이 때보다 둘째 아이를 낳을 때 훗배앓이가 더 심하다**
보통 훗배앓이는 첫째보다는 둘째를 낳았을 때, 한 명의 아기를 낳는 것보다는 쌍둥이를 낳았을 때가 더 심하다. 첫째를 낳을 때는 자궁의 회복력이 뛰어나기 때문에 통증이 적지만 둘째, 셋째를 낳는 경우에는 자궁이 늘어난 정도가 커 회복하는 데 시간이 더 많이 필요하기 때문이다. 훗배앓이가 심할 때는 찜질팩 등으로 배를 따뜻하게 해주면 도움이 되는데, 분만 후 2주일이 지나도 아랫배가 불편하다면 산부인과 전문의의 진찰을 받자.

• **둘째 아이 가졌을 때 첫째 아이 때와는 다른 입덧을 느낀다**
첫째 때 입덧이 심했어도 둘째는 상대적으로 입덧이 약해지는 경우가 있다. 이는 아이를 돌보느라고 정신이 없어 입덧을 예전보다 잘 느끼지 못해서일 가능성이 높다. 반대로 스트레스로 인한 호르몬 변화로 입덧이 더 심한 경우도 있다. 이럴 땐 마음을 편안하게 가지고 규칙적인 이완운동이 필요하다. 임신 초기의 메슥거림이나 구토는 자연스러운 현상이지만 음식은 물론 물도 마시지 못하고 계속 토하여 탈수가 나타난다면 산부인과 전문의를 찾는 것이 좋다.

- 첫째 때보다 태동을 잘 느낀다

둘째 아이를 가진 엄마들은 첫째에 비해 태동을 더 빨리, 더 강하게 느낀다. 첫째 때는 태아가 어느 정도 크기까지 장운동인지 태아가 움직이는 건지 구분하기 어려워 태동을 잘 느끼지 못하지만 둘째 때는 한 번의 경험이 있기 때문에 아이가 움직이는 것을 더 예민하게 느끼게 된다.

- 첫째보다 둘째 때 배가 더 커지는 것 같은 느낌을 받는다

주수가 더해갈수록 태아의 크기가 커지고 양수의 수압으로 인해 자궁의 크기는 점점 커져 36주까지는 명치 부위까지 높아졌다가 이후에 조금씩 내려오게 된다. 첫째의 경우, 자궁의 팽만압력에도 복직근이 상대적인 장력을 유지하기 때문에 배가 덜 나오는 것처럼 보인다. 반면 둘째 임신의 경우, 이미 한 번 늘어났던 복벽이 풍선처럼 큰 저항 없이 늘어날 수 있어 첫째에 비해 쉽게 배가 나오는 것처럼 보인다.

- 첫째 아이 임신했을 때보다 출산 후 체중이 더 줄기도 한다

흔히 둘째는 임신 기간 동안 체중이 더 빨리 는다. 하지만 출산의 횟수와 임신 중 체중 증가율은 크게 연관성이 없다. 첫째 출산 후 체중이 임신 전보다 늘어난 상태에서 둘째를 가져 체중이 더 늘어난 것 같이 느끼는 경우도 있고, 실제로 첫째를 돌보느라 힘이 들어 관리를 못해 체중이 무한정 늘어나기도 한다. 오히려 첫째 때보다 체중이 덜 늘어났다는 엄마들도 많은데, 이는 육아로 인해 전보다 활동량이 늘었기 때문이다.

첫째에게 둘째 소식 전하기, 첫째 어린이집 보내기

　둘째를 갖고 나면 엄마는 전처럼 첫째와 충분히 놀아주기 힘들다. 전처럼은 아니더라도 책 읽기, 미술놀이 등 아이와 함께하는 시간을 꾸준히 갖는 것이 필요하다. 동생이 태어나도 엄마가 늘 자기 곁에 있다는 사실을 계속해서 인식시키고 안심하게 만들어야 한다.

　둘째 임신 이후 첫째 아이에게 배 속의 동생에 대해 엄마가 적극적으로 설명해주자. 동생이 태어난 얘기를 다룬 그림책을 첫째와 같이 읽는 것도 도움이 된다. 아기를 낳기 위해 입원을 하면 어쩔 수 없이 첫째와 떨어지게 된다. 출산이 다가오면 첫째에게 동생을 낳기 위해 병원에 가야 한다는 사실을 말해주어야 한다. 출산 후에는 바로 아이를 데려와 동생을 보여주고 한동안 아이와 함께 있는 시간을 갖는 것도 바람직하다. 아이를 맡길 때는 새로운 곳보다는 익숙한 환경에, 형이나 언니 등 같이 놀아줄 아이가 있는 곳이 좋다. 아이와 떨어져 지내더라도 하루에 두세 번 정도 전화를 걸어 오늘 뭘 하고 놀았는지 물어보고, 엄마는 무엇을 했는지 하나하나 이야기해주자.

첫째에게 배 속 동생의 존재, 어떻게 알려줄까?

둘째를 갖고 나면 임신 사실을 첫째에게 어떻게 알려야 할지 고민하는 엄마가 많다. 사실 많은 아이들이 자신에게만 집중됐던 부모의 관심이 엄마 배 속의 아기에게 쏠리면서 상실감과 질투심을 경험한다. 〈싸우지 않고 배려하는 형제자매 사이〉를 지은 아델 페이버(Adele Faber)와 일레인 마즐리시(Elaine Mazlish)에 의하면 아이에게 동생이 태어난다는 충격은 어느 날 남편이 다른 여자를 데려와 사이좋게 지내라고 말하는 것과 같다고 한다. 그만큼 첫째에게 동생은 두려운 존재다. 혼자 독차지하던 관심과 애정을 순식간에 빼앗기고 버림받을지 모른다는 불안감도 생긴다. 엄마는 동생이 태어난다는 사실을 자연스럽게 받아들이길 바라지만 아이는 아직 엄마의 관심과 사랑이 필요한 '어린아이'라는 사실을 잊어서는 안 된다. 그리고 임신한 순간부터 배 속 동생의 존재를 잘 알려줄 필요가 있다.

동생을 본 첫째의 심정에 공감하자

첫째에게 동생 탄생은 기쁨보다는 불안한 기억으로 남는다. 출산이 임박하면 어딘지 모르게 집안 분위기가 어수선해진다. 엄마 배가 점점 불러오면서 집에 안 보이던 물건이 생기기 시작한다. 젖병과 기저귀며 작은 옷가지와 인형들이 보이고 자기가 쓰던 작은 침대에 부드러운 새 이불이 깔린다. 이 모든 풍경이 낯선 첫째는 막연한 불안감을 느끼고 아이의 불안감은 갑자기 혀 짧은소리를 내거나, 옷에 소변을 보거나 하는 등의 퇴행 현상으로 드러나기도 한다. 첫째의 이러한 퇴행 행동은 흔하게 겪는 통과의례다. 동생을 본 첫째의 마음에 공감하고 심리를 이해하자.

배 만져보게 하기

"네가 태어나줘서 얼마나 고마운지 몰라"라고 이야기를 시작하자. 아이가 엄마에게 소중한 존재이며 사랑한다는 것을 분명히 전한 다음, 동생의 존재를 설명하는 게 좋다. 배 속에 있는 동생은 너무 작고 연약해서 엄마가 조심해야 한다는 것과 움직이는 게 불편해 첫째와는 예전만큼 못 놀아준다는 사실도 알려주자. 배 속 아기가 움직이면 배를 만지고 쓰다듬어보며 아기의 움직임을 직접 느껴보게 하는 것도 좋다. "동생이 꼬물꼬물 움직이네. 네가 만져주니 좋은가봐", "동생도 널 보고 싶어 해"라고 말해주자. 그래야 동생에 대해 긍정적으로 생각하게 되고 만나기를 기대한다. "동생이 태어나면 뭘 하고 놀까?"처럼 첫째가 상상할 수 있는 질문을 해보자.

'동생' 다룬 그림책 읽기

'동생'을 다룬 그림책을 아이와 같이 읽어보자. 점차 배가 불러오는 엄마와 동생이 생겨서 설레고 기대하는 아이의 심리를 표현한 것이 좋다. "동생은 커서 뭐가 될까?", "동생 이름은 뭐가 좋지?" 등 그림책 속의 대화를 보며 첫째는 동생을 상상해볼 수 있다. 책을 읽으면서 "책 속 주인공처럼 너에게도 곧 이런 동생이 생길 거야", "동생이 생기면 기분이 어떨까?"라고 이야기하면 된다.

첫째는 그림책의 주인공과 같은 입장임을 알게 되어 현재 상황을 이해할 수 있다.(그림책 : 222~225쪽 참고)

초음파사진 보여주기

평소 산부인과 정기검진을 받으러 갈 때 첫째와 동행하는 것도 좋다. 초음파검사를 하면서 '쿵쾅쿵쾅' 뛰는 동생의 심장 소리도 들려주고, 초음파사진을 보여주며 "이 아이가 네 동생이야. 너랑 코가 똑 닮았네" 하고 말해주자. 아이는 동생도 자신과 비슷한 과정을 겪고 태어난다는 사실에 동질감을 느낀다.

출산용품 장만은 첫째와 함께

출산용품을 준비하는 등 동생을 맞이하기 위한 과정을 첫째와 함께하자. 출산이 다가오면 아기의 배냇저고리와 욕조, 젖병 등을 사며 새 생명을 맞이할 준비를 할 것이다. 이때 어수선한 집안 분위기와 집에 새로 들인 물건들로 아이가 혼란스러울 수 있다. "동생은 너무 작고 약해서 젖병으로 밥을 먹고, 옷을 따뜻하게 입어야 해"라고 말하면서 아이와 같이 출산용품을 장만해보자.

터울에 따라 다르게 말하기

• 2~3세 : 엄마 배 속에 아기가 있고, 시간이 지나면 동생이 엄마 몸 밖으로 나온다고 알려준다. 동생이 태어난 다음에도 엄마는 너를 제일 많이 사랑할 것이라고 말해주자.

• 4~5세 : 동생이 태어나면 너처럼 잘 걷지도 못하고 말도 잘 알아듣지 못한다고 말해주자. 동생도 너를 닮아서 잘 크면 좋겠다는 바람을 얘기해서 자긍심을 느끼게끔 한다.

• 6세 이상 : 동생이 태어나면 엄마, 아빠가 예전처럼 너와 함께 놀기는 어려울 것이라고 알려주자. 대신 너도 동생을 보면 작고 귀여워서 좋아하게 될 거라고, 원한다면 동생을 함께 보살펴줄 수 있다고 말해주자.

첫째 아이 어린이집 보내기

둘째가 태어나면 첫째는 유달리 더 어린이집에 가기 싫어한다. 부모가 이 시기에 많이 하는 실수 중 하나가 둘째를 낳고 첫째를 어린이집에 보내는 것이다. 첫째 입장에서 보면 자기를 보내 놓고 엄마가 동생이랑 뭘 하려고 하나 싶다. 그뿐만 아니라 부모의 생각과는 달리 아이에게 어린이집의 초기 적응은 꽤 스트레스가 된다. 새로운 환경, 새로운 사람, 자기가 더는 중심에 놓이지 않고 뭐든 정확히 표현해야만 자기 말을 들어주는 분위기는 아이에게 큰 도전이고 엄청난 스트레스다. 그러다 보니 부모에게 짜증을 부리기도 하고 어린이집에 안 가려는 태도도 보인다. 이때는 어린이집을 잠시 미루는 것도 괜찮지만 여건상 보내야 한다면 아이가 당분간 짜증을 낼 것은 각오해야 한다. 도망가기보다는 정면 승부를 겨뤄야 아이의 불안이 줄어든다.

발달전문가들은 36개월이 되면 부모와 떨어져 보육기관에서 다른 아이들과 잘 지낼 수 있다고 말한다. 이 나이 아이라면 처음 적응할 때만 조금 힘들 뿐 독립적으로 어린이집에 다닐 뇌의 준비는 이루어진 상태다. 다만 아이가 어린이집에 가기 전 부모와 얼마나 오래, 얼마나 자주 떨어져 있어야 하는지, 누구와 같이 놀아야 하는지를 아이가 느낄 감정적 고통을 고려하여 진지하게 알려주어야 한다.

아이가 새로운 환경에 거부감을 느끼면 그것을 아이가 이미 알고 있는 것과 연결해주면 좋다. 예를 들어 찬찬히 설명하거나 가능한 한 추상적이지 않은 언어를 사용해서 말이다. 또 어린이집 생활에서 얻을 수 있는 재미와 즐거움에 대한 호기심을 일깨울 수 있다면 스트레스 호르몬인 코르티솔이 줄어든다. 호기심이 생기면 두뇌에서 도파민 분비가 촉진되기 때문이다. 어린이집에서 아이들과 노는 즐거움과 기쁨을 강조하면 스트레스를 줄일 수 있다.

● 모든 변화는 동생이 태어나기 몇 개월 전에 미리 조금씩 만들어주자

동생이 태어난 후 첫째를 돌봐줄 수 없다면 동생이 태어나기 몇 개월 전부터 첫째를 어린이집에 보내야 한다. 동생 때문에 첫째를 어린이집에 보낸다면 동생을 낳기 전에 아이가 완전히 어린이집에 잘 적응하도록 해야 한다. 따라서 첫째를 어린이집에 보낼 계획이 있다면 엄마의 몸이 약간 편해지는 임신 중기에 시도하는 것이 좋다. 또한 첫째 방을 동생에게 주어야 할 경우라면 출산 몇 개월 전에 미리 옮기거나 큰 침대로 바꾸어주어야 한다.

● 어린이집에 가기 싫어하는 것은 일시적이다

아이가 어린이집을 괜찮은 곳으로 여겨야 세상을 향해 나아갈 수 있고, 가족 이외의 사람과 정서적 유대를 맺을 능력이 생긴다. 재미있게 놀 수 있는 친구가 있고, 선생님이 관심을 가져준다면 아이는 어린이집에 금방 적응할 것이다. 처음에는 낯설고 불안정하겠지만 다른 아이나 선생님과 친해지고 익숙해지면 아이는 어린이집에 가려고 한다. 어린이집에 가는 습관은 무엇보다 일관성을 가지고 지켜야 한다. 아이가 어린이집에 가기 싫다고 해도 엄마와 함께 가거나 외적 보상으로 구슬려서라도 일단 어린이집은 매일 가야 하는 곳이라는 인식이 생겨야 한다. 아이가 아파서 가끔 빠지는 것은 가능하지만 가기 싫다고 할 때마다 안 보내면 어린이집에 가는 일은 힘들어질 것이다.

● 첫째에게 집중하라

둘째를 낳은 직후엔 둘째보다는 첫째에게 더 집중해야 한다. 둘째를 돌보는 일은 아빠나 조부모의 도움을 받고 초기 두세 달 동안은 엄마가 첫째를 돌보는 데 시간을 들이면 좋다. 아이는 순간적인 욕구나 충동이 우선이다. 따라서 말로 설득하려 하면 아이는 그냥 엄마가 내 요구를 안 들어준다고 생각한다. 물론 불필요한 요구는 들어주지 말아야 한다. 하지만 들어줄 수 있는 요구라면 장기적으로 볼 때 들어주는 편이 유리하다.

되도록 아이를 데려다주고 데리고 오는 것도 엄마가 하면 좋다. 이때 분위기는 될 수 있는 한 밝게 하라. 물론 아이는 더 떨어지지 않으려고 할 것이다. 그래도 엄마가 감당하는 것이 좋다. 그래서 아이가 정말로 엄마에게는 자기가 우선이고, 자기를 먼저 생각하고 있다는 것을 느끼게 해주는 것이다. 그리고 나면 아이는 한결 편하게 느끼고 덜 매달릴 것이다.

● 역할 놀이를 하자

어린이집에 처음 다닐 때는 낯선 환경에 대한 불안부터 없애주는 것이 필요하다. 아이에게 익숙한 장난감이나 동물 인형을 가지고 가면 아이가 어린이집과 집을 쉽게 연결할 수 있다. 부모가 아침저녁으로 어린이집 선생님과 아이의 일상생활에 대해 상세하게 정보를 교환하는 일도 필요하다. 아이가 겪어 보지 못한 상황이나 시련에 직면할 때마다 전부 이해하지는 못한다 하더라도 부모가 설명해주는 것이 아이의 스트레스를 줄일 수 있다. 따라서 처음 어린이집에 갈 때는 아이가 부모와 얼마나 오래 떨어져야 하는지, 어린이집에서 어떤 재미있는 일이 있는지, 친구들과는 어떻게 인사해야 하는지 등에 대해 알려주고 역할 놀이를 한다.

● 부정적인 기억은 오래간다

어린이집에 대한 부정적인 기억이 있으면 아이는 어린이집을 가지 않으려고 한다. 부정적인 기억을 극복하는 방법은 두 가지다.

한 가지는 부정적 기억을 다시 상기하여서 그런 상황이 될 수밖에 없는 상황을 이해하거나 부정적인 기억을 별거 아닌 것으로 생각하게 하는 것이다. 그러려면 상황을 정확하게 설명하고 이유를 말해주어야 한다. 한 번 얘기하는 것만으로 부족하다. 세 번 이상 이야기하여 부정적 기억을 아이가 이해할 수 있도록 하자. 또한, 선생님이 아이의 편이라는 것을 인식할 수 있도록 아이에게 친절하게 대하는 구체적인 행동을 해주어야 한다. 선생님께도 상황을 알리고 협조를 구하자.

다른 한 가지는 부정적인 기억을 덮기 위한 긍정적인 기억이 4배 이상 필요하다 한다. 긍정적인 기억은 오래가지 않기 때문에 여러 번의 기억이 필요하다. 4번 이상 친구와 같이 노는 긍정적인 기억을 만들어주어야 부정적인 기억이 덮어지는 것이다.

● 친한 친구와 개인적인 시간을 갖도록 하라

친한 친구를 집으로 초대해 둘이 노는 시간을 만들어보아라. 둘째가 있어서 어려운 점이 있더라도 친구 부모끼리도 친해질 수 있다면 아이는 더욱 안정감을 느낄 것이다. 집 안에서 다양한 놀이를 함께하다 보면 이를 매개로 친구와 쉽게 친해질 수 있다. 이런 시간이 쌓여 관계가 굳건해지면 친구가 다른 아이와 함께 놀아도 상처를 받지 않을 것이다. 아이가 사귀고 싶어 하는 친구와 같이 노는 시간을 마련해주어라. 어린이집에서 재미있게 놀 경험을 만들어주기 위해 어린이집 선생님께 부탁할 수도 있다.

둘이라서 쉽고 둘이라서 용감해진다
_남매 키우기

리틀홈 대표 이나연

결혼을 하자마자 아이가 생겼다. 초보 주부만으로도 벅찬데 초보엄마까지 하려니 그야말로 모든 것이 엉망이었다. 좋은 엄마가 될 수 있을 거라 스스로 믿어왔는데 실제 엄마가 되어보니 아이에게 모든 것을 맞추고 사는 삶이 싫고 불편했다. 끊임없이 나를 필요로 하는 아이와 단 둘이 있는 시간은 힘들고 외로웠다. 내 아이 입으로 들어가는 것만 봐도 배가 부르고, 눈에 넣어도 아프지 않다는 모성은 도대체 언제쯤 생기는 걸까 꽤 오래 궁금했다.

큰애가 6개월이 될 무렵, 이제 좀 적응이 되는구나 싶던 때 둘째가 생겼다. 하나도 제대로 풀지 못했는데, 더 어려운 문제를 받은 것 같은 기분. 정말 막막했다. 그땐 둘째까지 태어나면 내 삶이란 것은 없어질지도 모른다는 염려뿐이었다. 나의 조급함 때문이었는지 둘째는 예정일보다 한참 일찍 세상에 태어났고, 나는 15개월 차 남매의 엄마가 되었다.

아이가 둘이 되니 생활은 몇 갑절 복잡해졌다. 살림과 육아, 일로 엉킨 시간은 늘 도둑맞듯 사라졌다. 둘째는 그저 예쁘다던데 나는 이제 막 만난 둘째보다, 일찍 동생을 본 첫째가 더 마음이 쓰였다. 큰애는 예민하고 겁이 많은 아이라 뭐든 함께해야 했고, 그걸 지켜보는 내 마음도 늘 초조했다. 다행히 둘째는 엄마가 누나에게만 신경쓰는 것에 아랑곳 않고 재우면 자고, 먹이면 먹는 아이로 잘도 자랐다.

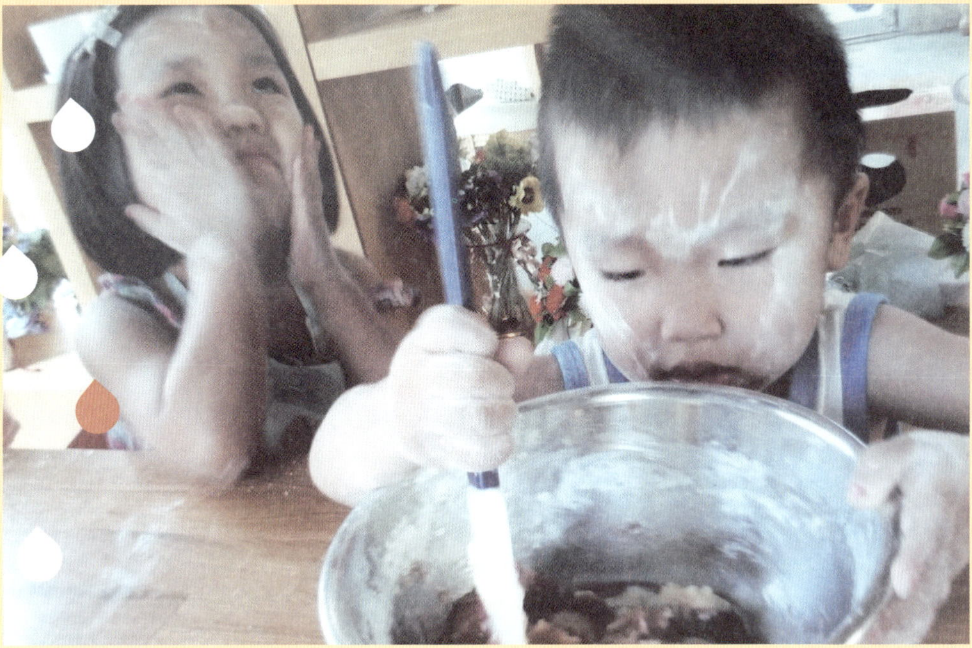

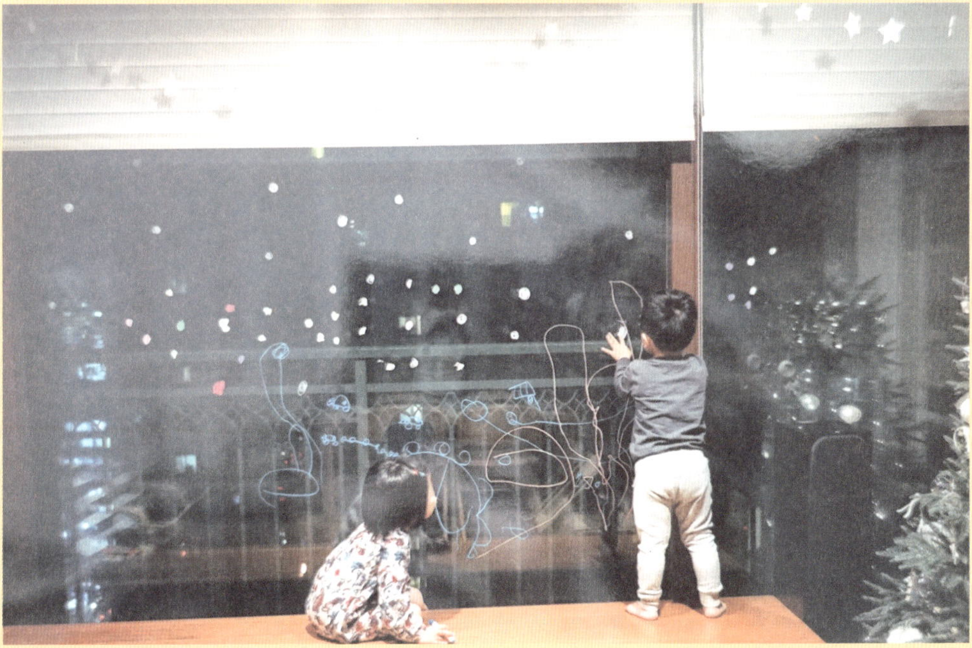

하지만 터울 적은 두 아이의 평화적 공존은 잠시뿐. 둘째는 나날이 욕구와 존재감을 드러냈고, 두 아이는 서로 엄마를 차지하겠다고 다투었다. 아이들을 재우려다 나까지 울다 잠드는 날이 거듭되니 우리 모두가 살기 위해 새로운 육아 대책이 필요했다. 고민 끝에 내린 결론은 공평하게 엄마를 나누어줄 수 없으니 공평하게 엄마의 개입을 줄이는 것. 무엇이든 아이들 스스로 하게 두기로 했다.

흘리고 묻혀도 스스로 먹고, 둘 다 안아줄 수 없으니 먼 거리도 똑같이 걷게 했다. 일일이 놀아주지 않고, 둘이 자연스레 어울릴 수 있는 놀이의 분위기만 만들어주었다. 잠도 둘만 따로 재웠다. 다행히 두 아이는 경쟁하듯 격려하며 수월하게 따라와주었다. 그리고 무엇이나 잘 먹고, 어디서나

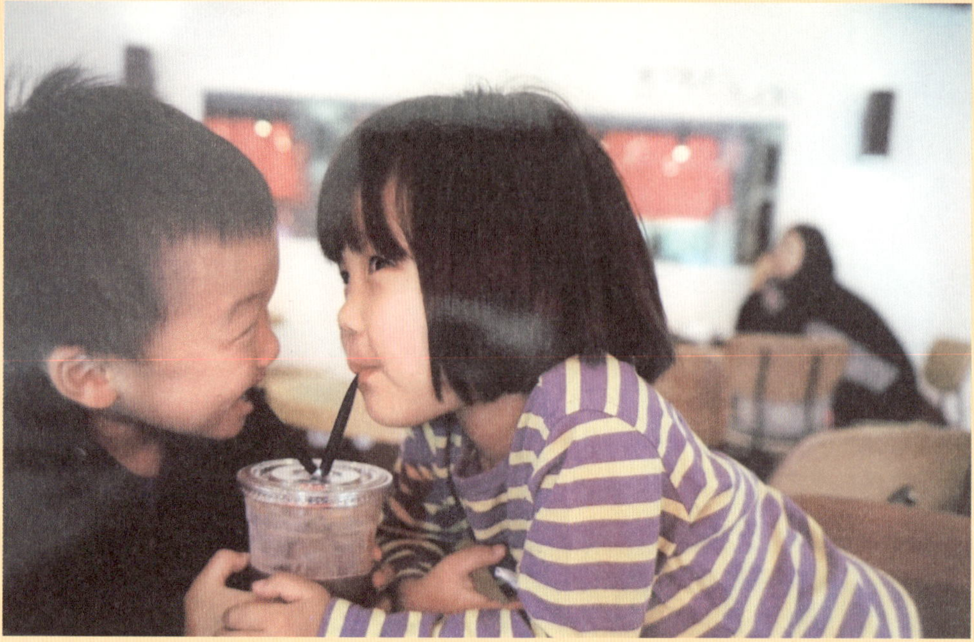

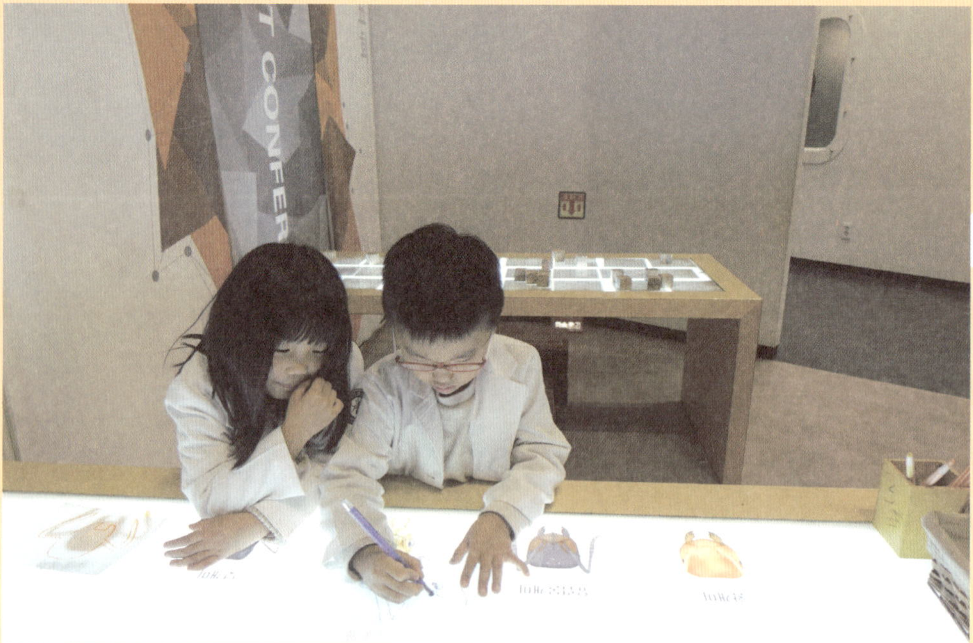
T CONFER

잘 자고, 언제나 둘만의 즐거움을 찾을 줄 아는 아이들로 자라주었다. 내가 아이들을 돕는 만큼 아이들도 나를 도왔다. 아이들은 많은 경험을 함께하며 더욱 친밀해졌다.

매사가 조심스러운 누나와 달리, 호기심과 적극성이 남다른 둘째는 일단 덤벼들고 본다. 처음엔 주저하던 첫째도 신나서 해대는 동생의 모습을 보며 용기를 낸다. 둘은 온 집에 물감을 뿌려대고, 거대한 미술작품을 만들고, 한라산을 오르고, 동굴을 탐험하고, 패러글라이딩을 했다. 모든 일을 아이들 스스로 결정했고 서로를 끌고 밀며 해냈다. 혼자였다면 엄두도 내지 못했을 일도 둘이 되니 거뜬했다.

아이들의 모습을 보며 나에게도 없던 용기와 모험심이 솟아났다. 아이들이 일을 벌이면 에라 모르겠다 뛰어들었다. 온 집을 작업실로 만들고, 전국 어디라도 마음 내키면 달려갔다. 내가 해주어야 한다고 생각했을 땐 버겁고 어렵던 일들이, 그저 아이들의 생각을 따라가며 돕는 쪽으로 바뀌자 마냥 즐거워졌다. 아이들이 있어서 못할 일이란 없었다. 오히려 아이들과 함께라 가능한 일들이 많았다.

만약 아이가 하나뿐이었다면 그래서 내 힘으로 충분히 모든 것을 해줄 수 있었다면 나의 육아는 지금과 다른 모습이었을 것 같다. 한없이 베풀고 돌보느라 진작에 지쳐버렸을지도 모르겠다. 두 아이를 키우며 나는 조금 더 쉽게 내려놓고, 조금 더 용감하게 달려가는 법을 배웠다. 그리고 아이들과 함께 매일 매일 자라고 있다.

chapter 2.

질투
둘째 아이는 늘 사랑받고 싶다

● ● ● ● ● ● ● ● ● ● ●

비교하지 않고 형제자매 키우는 법
형제자매를 행복하게 키우는 양육가이드
형제자매간의 끊이지 않는 질투 – 질투의 뇌
질투심을 해결하기 위한 양육가이드
부모의 기준이 착한 아이와 나쁜 아이를 만든다
차별의 폐해
차별이 아닌 평등을 위한 양육가이드
칭찬의 방법
분노 관리하기

칼럼2 왜 멋있게 말해?_형제를 키우며 얻은 깨달음 〈집, 사람〉 작가 김수경

비교하지 않고 형제자매 키우는 법

비교당하는 아이들

프로이트에 의하면 젊은 엄마에게서 첫째로 태어난 아이는 만능에 가까운 자신감을 갖기 쉽다고 한다. 젊은 엄마는 부푼 기대와 바람을 온갖 애정과 함께 아이에게 쏟아붓기 때문이다. 프로이트 자신도 아빠가 두 번째로 맞이한 젊은 아내의 첫째로 태어나 사랑을 듬뿍 받으며 자랐다. 만년에 프로이트가 세상의 혹독한 비판을 받으면서도 흔들림 없는 자신감으로 미지의 영역을 개척할 수 있었던 것은 엄마의 조건 없는 사랑과 신뢰 덕분이었을 것이다.

첫째는 부모에게 특별한 존재로 귀중한 대접을 받는다. 부모는 아직 육아에 대한 경험이 없기에 최선을 다해 열정적으로 첫째를 보살핀다. 그래서 첫째에 대한 애착이 크고, 아이도 부모에 대해 큰 애착을 보인다.

    첫째가 다른 형제와 결정적으로 다른 또 한 가지 특징은 애정을 독점하는 기간을 가진다는 점이다. 동생과 어느 정도 나이 차가 있는 첫째는 의젓하고 탐욕스럽지 않으며 느긋한 기질을 보인다. 부모에게 특별히 요구하는 것이 없어도 부모가 알아서 자신의 욕구를 채워주기 때문이다. 그러나 같은 이유로 자신이 최고라고 여기며 특별대우 받는 것을 당연시하는 성격으로 자라기도 쉽다. 그래서 자신이 주목받지 못하고 떠받들어지지 못하는 상황에 쉽게 스트레스와 불만을 느낀다. 애정을 독점하는 기간이 길수록 그런 경향은 강해진다. 그래서 그들은 최고가 되기 위해 큰 꿈이나 야심을 품고 최선을 다해 큰 성공을 손에 넣기도 한다. 하지만 지나치게 낙천적으로 자란 탓에 불가능한 몽상에 빠지거나 모처럼 다 된 성공에 코를 빠뜨리기도 한다. 첫째는 자랄 때 부모의 사랑과 관심을 독차지하게 되고 부모의 기대에 부응하려고 노력한다. 따라서 첫째는 둘째보다 성실하고, 보수적이고, 책임감이 강하고, 성공지향적이고, 조직적이다.

    반면 둘째는 태어날 때부터 경쟁 상대가 있다. 첫째와 경쟁하여 부모의 사랑과 관심을 차지해야 하므로 상대적으로 융통성이 있고, 위험을 감수하는 것을 두려워하지 않고, 마음속에 품은 아이디어와 이론을 뜨겁게 분출한다.

    아들러는 태어난 순서에 따른 성격을 첫째, 둘째, 막내 그리고 외둥이로 나누어 설명했다. 여기에 쌍둥이, 양자일 경우를 덧붙이면 좀 더 자세한 설명이 가능하다. 그러나 오늘날에는 둘째이자 막내인 사람도 많을 것이다. 또 장남을 특별히 대우하는 풍습이 남아 있는 집안에서 태어난 장남은 첫째가 아니더라도 첫째 특유의 성격을 지닐 수 있다. 단순히 태어난 순서뿐 아니라 나이 차도 중요하다. 같은 동생이라도 '늦둥이'로 태어난 경우, 두 살 정도 터울인 경우, 터울이 네 살 이상인 경우 각각 형제자매에게 미치는 영향이 다르다. 엄마가 아이를 보살피는 데 몰두하는 정도가 중요한 요인이 되는 것이다. 이 과정에서 아이들은 비교를 당한다.

비교의 폐해

흔히 부모들은 첫째에게 이렇게 말한다.

"동생은 아직 아기잖아. 너는 형이 돼서 왜 이러니?"

첫째도 어린아이인 건 마찬가지다. 동생이 보는 앞에서 첫째를 나무라거나 야단치면 동생이 형을 우습게 볼 수 있다. 의도한 건 아니지만 부모가 형제자매의 경쟁심을 부추기기도 한다. 부모 자신도 모르게 아이들의 개성을 존중하지 않고 서로 비교하는 것이다.

"형은 공부를 잘하는데 넌 왜 그러니?"

아이들은 속으로 말할 것이다.

"엄마, 난 형이 아니야! 나도 형보다 잘하는 게 많다고."

세상에는 부모의 비교로 인해 완전히 반대 성향으로 자란 형제자매들이 많이 존재한다. 형제간에 끊임없이 비교당하면서 자란 아이는 자신감 부족인 경우가 많다. 똑똑한 첫째와 비교당하면서 자란 둘째는 형을 부러워하면서 자신도 잘하려고 노력하기보다는 오히려 열등감을 느끼게 된다. 그래서 부모가 다른 형제자매와 비교할 때 아이는 좋은 쪽으로 최고가 못 된다면 나쁜 쪽으로 최고가 되려고 생각한다.

"아무리 해도 잘할 수 없다면 그냥 못하고 말지 뭐. 엄마는 나를 사랑하지도 않고 기대도 안 하는데."

게다가 그런 동생과 비교되면서 잘한다는 칭찬만 받고 자란 형은 쓸데없는 우월감으로 남을 쉽게 무시하는 행동을 하게 된다. 이런 경우는 형에게도 동생에게도 득 될 것이 없다. 자신감을 키우기는커녕 열등감과 우월감을 심어줄 뿐이다. 비교를 당한 아이들은 불안이나 의심이 많고 조급해 사람을 대할 때도 부정적이고 적대적인 모습을 보인다.

아이들은 비교하느라 하루의 많은 시간을 흘려버리기도 한다. 부모가 옷을 사와도 언니 것이 더 좋아 보인다고 언니랑 똑같은 것으로 사달라고 조른다. 심지어는 자신에게 필요하지 않은 것까지도 사달라고 한다. 이처럼 아이들은 부모가 비교하지 않아도 끊임없이 자신의 형제를 의식하면서 피곤한 인생을 살아가고 있다.

칭찬받는 것도 마찬가지다. 예를 들어 엄마가 "너는 형보다 손재주가 좋아"라고 칭찬해도 그 말이 아이의 자존감을 높여주지는 못한다.

아이는 마음속으로 '형이 나보다 더 잘하게 되면 어떡하지? 내가 계속 잘할 수 있을까?' 하고 불안해하기 때문이다.

비교하며 칭찬하는 것은 결국 아이에게 좋은 영향을 주지 못할 뿐만 아니라 다른 형제를 무시하는 결과를 가져오기도 한다. 아이는 부모가 다른 형제를 칭찬하면 자기가 비교당한 것 같은 불쾌감을 느낀다.

무한 경쟁 시대라고 해서 집에서부터 경쟁을 부추길 필요는 없다. 경쟁에서 살아남는다는 게 자신의 능력을 마음껏 발휘하여 자기가 목표한 바를 이루는 거라면 협력을 북돋우는 환경에서도 충분히 가능하다. 더욱이 부모가 첫째만을 특별대우하고 동생들을 제대로 돌보지 않으면 공감 능력이나 협조적인 성향이 결여된 자기중심적인 성격으로 자라기 쉽다.

첫째가 동생이 태어날 당시의 일을 생생하게 기억하고 있는 경우에는 상실감이 더욱 크다. 엄마가 아기의 기저귀를 갈고 음식을 먹이며 아기를 위해 갖가지 일을 하고 있을 때 엄마 옆에 앉아 있는 첫째는 이런 생각을 한다.
'내가 무슨 짓을 했길래 엄마가 나를 더는 사랑하지 않는 거지?'

자신이 아기였을 때 엄마로부터 똑같이 보살핌을 받았다는 사실을 깨닫기에는 그들 역시 너무 어리다. 아이들이 비교당하지 않고 스트레스받지 않도록 해야 한다.

● 꾸짖을 때 첫째와 동생을 비교하지 마라
아이를 꾸짖을 때 비교하는 건 좋지 않다. 이럴 때는 잘못된 아이의 행동이나 태도에 대해서만 이야기하자. 그리고 아이가 해야 할 일을 차근차근 알려주자. 동생을 때리거나 꼬집거나 콧구멍에 이물질을 넣는 등 몸에 가하는 행동은 단호하게 제재하되, 그렇지 않은 경우라면 모른 척하는 것도 방법이다. 엄마가 별다른 관심을 두지 않으면, 대부분의 아이는 동생을 못살게 구는 행동을 그만둔다.

● 칭찬할 때도 비교하지 말고 있는 그대로 표현하라
칭찬할 때는 상황에 더해 느낀 대로만 묘사해도 충분하다. 형이나 언니, 오빠나 누나는 대개 별 노력 없이 동생을 이길 수 있지만 동생은 대부분 그들의 그늘에 머무르기 쉽다. 어떤 관점에서 보면 태어날 때부터 열등감을 갖고 살아가는 것이다. 중요한 건 지금 보고 있는 현상을 있는 그대로 표현하는 것이다. 아이를 칭찬할 때도 비교하면서 칭찬을 하면 칭찬받는 아이에게도 깊은 상처를 준다.

● 아이 자신의 발전을 칭찬하고 격려하라
비교하더라도, 아이의 6개월 전 모습과 지금의 모습을 비교하자. 발전된 상황을 이야기해주면서 칭찬하고 격려하면 아이의 자존감이 회복된다.

● 첫째가 참여의식을 느끼도록 해주어라
동생의 기저귀를 갈 때 큰아이한테 기저귀를 가져오게 한다든지, 우유병을 가져오게 하여 어린 동생과 큰아이를 연결할 수 있게끔 해야 한다. 동생은 아직 어려 잘 보살펴야 할 존재고, 형이나 언니로서 동생을 돌봐주는 것은 의젓하고 대견한 행동이라고 격려해야 한다.

● 서열에 맞는 자기 역할을 지나치게 강조하지 마라
형(언니/오빠/누나)과 동생의 역할을 강조하다 보면 형의 경우에는 뭐든지 동생보다 빨리 해야 하고 잘해야 한다는 강박관념을 가질 수 있어, 부모의 기대에 미치지 못하면 좌절감이나 열등감에 빠질 수 있다.

질투의 뇌 - 형제자매간의 끊이지 않는 질투

"지연이 소원이 뭔지 아세요? 글쎄 동생을 다른 집으로 보내는 거예요. 저는 지연이가 혼자 자라서 외로울까 봐 둘째를 낳았는데, 그 애는 동생을 무슨 원수처럼 대해요."

부모에게 어릴 적 형제관계에 관해 물어보면 우호적으로 말하지 않는 경우가 꽤 있다. 형제자매를 질투하거나 시샘해 결과적으로는 서로 사이가 좋지 않았다는 것이다. 동생이 나이가 어릴 경우 동생이 온 집안의 귀여움을 독차지한다. 첫째가 보기에는 버릇도 없고 싹수도 없는 동생에 대한 부모의 관심에 질투를 느끼는 것이다. 더구나 형제간에 터울이 적으면 질투는 다른 양상으로 나타난다. 부모의 애정을 독점하는 기간도 짧고, 그마저 얼마 안 되어 빼앗기기 때문이다. 그 결과 첫째 아이의 친절과 배려라는 장점은 사라지고 자기방어적인 성격이나 남의 시선을 끌려는 경향이 강해진다. 이때 동생에게 애정을 빼앗겼다는 피해의식을 딛고 일어서지 못하면 성격에까지 영향을 미친다. 잃어버린 애정과 관심을 회복하기 위해 공격적으로 굴거나 허세를 부리고, 자신의 영역을 지키기 위해 물건에 집착하거나 인색해지는 것이다.

질투에 휩싸이는 첫째

엄마의 사랑과 관심을 받기 위한 첫째의 몸부림은 처절하다. 부모의 사랑을 독차지하던 첫째 아이에게 동생의 등장은 위기의 시작이다. 자신하고만 눈 맞추던 부모가 누군가 낯선 아이에게 사랑의 눈길을 주고, 나하고만 뽀뽀를 하고 스킨십을 하고 놀아주던 부모가 다른 아이에게 똑같은 행동을 한다. 이를 지켜보는 첫째는 둘째의 등장으로 충격과 상실감에 빠지는 것이다. 따라서 동생을 본 아이들은 옷에 오줌을 싸는 등 퇴행 현상을 보이기도 하고, 동생을 때리거나 꼬집는 등 공격적인 행동을 보인다. 부모가 동생을 못 돌보게 방해하기도 하고, 젖을 빨려고 하거나 젖병을 다시 찾는 등 아기와 같은 행동을 보일 수 있다.

둘째가 태어나면 아무래도 부모는 나이 어린 둘째에게 사랑과 관심을 더 쏟을 수밖에 없다. 성장하는 과정에서도 부모는 첫째에게 항상 동생을 잘 돌보고 듬직하게 행동하기를 기대한다. 그러나 둘째가 태어나면 더욱 신경 써야 하는 것은 첫째 아이다. 첫째도 처음에는 자신이 좋아하는 장난감이라며 아기 침대에 뽀로로 인형을 올려놓고, 폴리 비타민도 갖다 주며 아기 이름을 불러준다. 그러나 부모가 우리 아이가 다 컸다고 뿌듯해하는 순간 아이가 엄마에게 집착하기 시작한다. 아빠와 잘하던 목욕도 엄마하고만 하려고 하고, 엄마가 동생과 자는 것도 싫어한다. "엄마, 나 사랑해?", "동생이 좋아, 내가 좋아?" 수시로 엄마에게 묻는다. 스트레스가 심한 아이는 불안하게 눈을 깜박이거나 손톱을 물어뜯는 등 틱 현상이 나타나기도 한다. 심한 경우 분노와 복수심까지 생긴다. 그래서 첫째에게 엄마가 "동생 갖다 버릴까?"라고 물으면 "응, 지금 갖다 버려"라며 천진난만하게 고개를 끄덕이는 것이다.

둘째에게 질투의 의미

그러나 질투심이 첫째에게만 나타나는 것은 아니다. 예쁘고 재주 많은 언니를 따라잡기 위해 피나는 노력을 하지만 그건 노력으로 되는 게 아니라는 걸 깨닫고는 언니를 질투하는 아이도 있다. 동생의 질투에는 크게 세 가지 원인이 있다.

첫째, 부모가 동생이 있는 데서 첫째를 먼저 챙기면 첫째보다 사랑받지 못했다는 불행감을 가지며 부모의 불공평한 태도에 분노하게 된다. 또 자신이 받았어야 마땅한 관심과 애정을 빼앗아간 형제자매에 대한 질투심을 느낀다. 첫째가 있으면 부모도 둘째에게 함부로 애정표현을 하기가 힘들다. 부모는 첫째의 질투 때문에 예쁘다는 말도 마음대로 못 한다. 뽀뽀 한번 하려면 주위를 살핀 뒤 순식간에 해치운다. 울어도 제대로 못 어르고, 아기가 '고래고래' 악을 써야 모유수유를 허락받는다. 둘째 아이는 부모로부터 첫째가 아기였을 때처럼 독점적인 애정을 받기 어려운 환경인 것이다.

둘째, 부모가 마음속에 이상적인 존재로 각인된 첫째에게 얽매이기 때문이다. 뛰어넘기 어려울 만큼 훌륭한 형이나 누나, 언니가 있거나, 그렇다고 오해하는 경우, 둘째 아이는 첫째를 향한 강한 동경심으로 인하여 현실에서 자존감을 갖기 어렵다. 부모에게 배신당하고 버려졌다는 생각을 하게 된다.

셋째, 둘째가 첫째에 대한 배신감을 느꼈을 때다. 같은 형제자매니까 첫째가 자신을 다른 아이들로부터 보호해주고 같은 편으로 싸울 줄 알았는데 그렇지 않은 경우가 많다. 오랫동안 부모처럼 자신을 보살펴온 존재, 또는 늘 함께 놀며 친밀하게 지내온 첫째에게서 거절을 당하면 마음 의지할 곳을 빼앗겼다는 생각에 큰 충격을 받게 된다. 첫째가 불편한 반응을 보이거나 부당한 요구를 하는 경우에도 마찬가지다. 그 결과 대인관계 전반을 지지하는 애착이라는 토대가 타격을 받고 결국 인간을 불신하게 되거나 이유 없이 비판적인 기분에 사로잡힌다.

질투의 뇌

런던대학교의 바르텔스(Andreas Bartels)와 제키(Semir Zeki) 교수팀은 인간이 사랑을 느낄 때와 증오를 느낄 때 뇌가 어떻게 반응하는지에 대해 fMRI(기능적 가기공명 영상법) 검사를 하였다. 그는 피검사자들에게 사랑하는 사람의 사진과 증오하는 사람의 사진을 보여주고 각각 뇌의 어느 부위가 활성화되는지를 알아봤다.(75쪽 그림 참고)

피검사자들은 사랑하는 사람의 사진을 볼 때나 증오하는 사람의 사진을 볼 때 모두 뇌의 피각(putamen)과 섬엽(insula)이라는 부위가 활성화되었다. 피각은 육체적 행동을 취하는 데 관여하며, 섬엽은 질투와 같은 고통의 감정에 관여한다. 차이점이 있다면 사랑을 느낄 때와는 달리 증오를 느낄 때는 이성적 능력이나 판단 능력에 관여하는 전두피질(frontal cortex)이 함께 활성화된다는 것이었다. 질투라는 것도 하나의 감정이기 때문에 변연계와 편도체가 활성화된다. 그리고 섬엽이 부정적인 감정을 관찰할 것이고 전전두엽이 질투를 객관적으로 판단을 하여 이들 부위가 활성화된다.

중요한 것은 질투의 감정을 느낄 때 전두대상피질의 통점이 활성화된다는 사실이다. 질투를 심하게 하면 할수록 통증은 심해진다. 뇌의 이 부위는 갈등과도 연관이 있으며, 신체적 고통을 느낄 때나 감정적 고통을 느낄 때 모두 활성화되고 특히 사회적으로 고립될 때도 활성화된다. 질투를 느낄 때 아픔을 느끼는 통점이 활성화되는

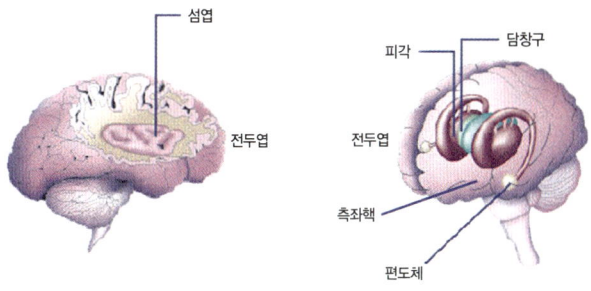

[질투의 뇌]

것이다. 또, 첫째 아이가 부모한테 야단을 맞으면 둘째가 고소한 기분을 느끼는데, 그 이유는 변연계의 측좌핵이 활성화되기 때문이다. 측좌핵이라는 부위는 보상을 담당하는데, 첫째가 야단맞아서 기분이 좋으면 보상을 받는 것 같다고 생각하는 것이다.

● 비교하지 마라

첫째와 둘째 간의 갈등에 대처하는 부모가 가장 흔히 저지르는 실수가 있다. 첫째와 둘째를 똑같이 대우해야 한다고 생각하고 행동한다는 점이다. 이런 경우 잘못된 경쟁심을 부추길 수 있고, 형제간의 싸움이 더욱 강화된다.

공평하게 대하는 것과 똑같이 대하는 것은 다르다. 아이마다 성별, 발달, 기질 등이 다르기 때문에 모든 기회나 방법을 똑같이 적용하는 게 공평한 것은 아니다. 남자아이와 여자아이, 뛸 수 있는 아이와 이제 겨우 걸음마를 배우는 아이, 기질이 까다로운 아이와 순한 아이 등 저마다의 특성에 따라 대처해야 한다.

따라서 사소한 일이라도 형과 동생을 비교하는 것은 바람직하지 않다. 아이가 잘못했을 경우에도 첫째와 둘째를 비교해서 야단쳐서는 안 된다. 형, 동생을 강조해서 출생 순서에 맞는 자기 역할을 지나치게 강조하는 것도 좋지 않다. 첫째가 뭐든지 동생보다 빨리해야 하고 잘해야 한다는 강박관념을 가질 수 있다. 부모의 기대에 미치지 못하면 좌절감이나 열등감에 빠질 수 있다.

● **감정은 읽어주되 괴롭히는 행동은 엄격히 다스리자**

첫째 아이가 동생에게 느꼈을 복잡한 감정에 대해 귀를 기울일 수 있어야 한다. 첫째 아이가 동생을 질투하고 괴롭힌다고 해서 부모가 혼을 내거나 짜증을 내고 소리를 지른다면, 오히려 그 정도가 심해지고 정신적으로 위축돼 소심한 아이로 자랄 수 있다. 이럴 땐 큰아이의 부정적 감정을 인정해주고 아이가 감정을 말로 표현하도록 도와주는 것이 좋다.

형제나 자매 사이에 어떤 일이 있을 때, 일단은 아이의 감정을 읽어주는 것이 우선이다. 하지만 서로를 괴롭히는 행동은 엄격하게 제한하자. 이를테면 형이 쌓아놓은 블록을 동생이 망가뜨렸을 경우, 형에게 "네가 멋지게 지은 성을 동생이 부숴서 화가 났구나" 하고 마음을 다독여주고 이해해주되, 그로 인해 동생을 때리거나 동생의 것을 똑같이 망쳐놓는 행동을 묵인해서는 안 된다.

● **좋은 행동이나 의젓한 행동, 각자의 장점을 강조하자**

아이가 말썽을 피울 때는 모른 척 무시하고, 아이가 좋은 행동을 할 때는 적극적으로 관심을 보이면서 그 행동을 구체적으로 짚어가며 칭찬하고 격려해준다. 첫째가 동생의 기저귀를 가져다주거나, 분유를 잘 먹을 수 있게 우유병을 잡아주는 행동을 했을 때 조금은 과장되게 칭찬해준다. 동생은 아직 어려 잘 보살펴야 할 존재고, 형으로서 동생을 돌봐주는 것은 의젓하고 대견한 행동이라고 격려해준다. 이런 엄마의 칭찬은 첫째 아이 스스로 자부심을 갖게 하고 자존감을 높인다. 첫째에게는 발달이 빠르고 무엇이든지 잘하며 부모와 오랜 시간을 보냈다는 점 등을 강조하자.

둘째에게는 아직 어리고, 보살핌이 더 많이 필요하며, 더 작기 때문에 사랑스럽다는 태도를 보이자. 그래야 둘째도 자신이 사랑받는다는 것을 분명하게 느낄 수 있다. 또한, 이렇게 해야 첫째가 둘째를 무시하지 않는다. 안아줄 때도 이유를 달리하자. 예컨대, 둘째에게는 "아직 걷지 못하니까 엄마가 안아줘야지"라고 말하고, 첫째에게는 "씩씩하게 잘 크니까 엄마가 안아주고 싶구나"라고 말하는 식이다. 안아주기라는 사랑의 의미가 담긴 행동에도 형제간에 다른 이유가 있음을 이해시켜야 첫째와 둘째 간의 갈등을 줄일 수 있다.

부모의 기준이 착한 아이와 나쁜 아이를 만든다

 부모가 형제자매의 갈등을 해결하려고 할 때 착한 아이와 나쁜 아이를 구분하는 경우가 있다. 아이를 착한 아이와 나쁜 아이로 만드는 것은 다름 아닌 부모다. 자기애가 강한 부모는 언제나 아이들을 정확하게 평가한다고 생각한다. 따라서 부모의 기준을 충족하면 착한 아이, 그러지 못하면 나쁜 아이가 된다.

 가족의 구성력이 약할 경우 집안의 영웅이 나타나게 마련이다. 이는 가족의 희망으로서 기대를 한 몸에 받는 존재다. 영웅이 있으면 악역을 맡아온 가족의 비난을 뒤집어쓰는 희생양이 생겨난다. 극단적인 경우에는 아이들의 갈등을 부추기는 부모도 있다. 자기애가 강한 부모는 자신의 존재 가치를 높이기 위해 자신을 편들어줄 착한 아이뿐 아니라 나쁜 아이 또한 필요로 한다. 자신의 스트레스와 불쾌한 감정을 쏟아부을 배출구가 필요하기 때문이다. 자기애가 강한 부모는 아군인 착한 아이와 적군인 나쁜 아이가 싸우면 착한 아이와 한편이 되어 나쁜 아이를 공격하고 부정적인 감정을 자극한다. 아이의 부정적인 감정을 자극하는 것은 아이를 지배하려는 의도가 깔려 있다. 자기애가 강한 부모는 자기도 모르는 사이에 아이들을 차별하는 경우가 많다. 부모의 애착이 모든 아이에게 한결같이 않기 때문이다. 어떤 아이와는 단단한 관계로 맺어져 있지만 그렇지 않은 아이도 있다. 부모는 자기 손으로 직접 보살피며 아낌없이 애정을 쏟아온 아이를 더욱 사랑스럽게 여긴다. 그런 아이에게 관심과 애정을 주고, 커서도 더욱 정성껏 보살펴준다. 반면 직접 보살필 기회가 별로 없었던 아이에게는 아무래도 애정을 주기 어려운 것이 사실이다. 제대로 보살펴주지 못했다는 미안함과 죄책감이 있을지언정 사랑스럽다는 마음이 생기기는 어렵다. 결국, 머리로는 좀 더 신경 써줘야 한다고 생각하면서도 무심코 방치하는 일이 잦다. 그러면 마음은 더욱더 멀어지고 애정을 요구하는 아이가 점점 부담스럽게 느껴진다. 아이가 키우기 어렵거나 반항적인 태도를 보일 경우에는 더더욱 그러하다. 결국, 어린 시절에 부모와의 관계가 친밀하지 못했던 아이는 자신이 잘못한 것이 없음에도 미움받는 '나쁜 아이'가 되고 마는 일이 많다.

형제 갈등

첫째가 나이가 들면서 자기주장이 뚜렷해지고 문제행동을 일으키면 상대적으로 열세에 있는 둘째를 편애하는 경우가 있다. 연구에 의하면 형제자매가 출생하면서 첫째의 행동문제가 증가하는 경향을 보였으나 이는 일시적이며, 다시 안정을 찾는 것으로 나타났다. 즉, 동생의 출생으로 경쟁자, 질투의 대상이었던 형제관계는 첫째가 동생의 출생에 따른 변화에 적응해가면서 상호정서적 지지자로서의 역할을 하기 시작한다. 둘째가 3~4세가 되면 형제관계는 더 중요해지는데, 둘째는 첫째의 활동적인 놀이에 참여하기 시작하고, 갈등 상황이 생기기 시작한다. 또한, 동생은 첫째와 함께 엄마와의 상호작용에 참여하기 시작하는데, 이러한 참여가 가족생활에서 점점 많아진다. 특히, 부모가 형제 갈등에 개입하게 되면 부모는 대개 나약한 둘째를 지지하게 되는데, 이는 둘째가 첫째를 이기도록 돕는 것이어서 형제관계의 균형을 깨뜨려 형제 갈등을 증가시킨다.

 부모가 형제들의 싸움에 개입하지 않아야, 둘째는 첫째가 강하고 자신은 약하다는 것을 인식함으로써 균형을 잡게 되고 형제 갈등이 자연스럽게 줄어든다. 그러나 형제 갈등에 부모가 개입하면 형제들끼리 스스로 갈등을 해결하는 기술을 배울 기회가 없어진다.

♥ 첫째의 입장:

첫째는 사랑을 부서지기 쉬운 유리와 같다고 여긴다. 자신이 받는 사랑이 파괴되지 않도록 노심초사하지만 사실 첫째는 자신이 생각하는 것보다 훨씬 큰 사랑을 받고 있다. 첫째는 사람들과의 관계를 매우 어려워한다. 자신이 가진 것을 지키고 싶은 것은 분명한데 다른 사람의 요구에 자신을 맞추며 기대를 충족시키기 위해 노력한다. 특히 가족 외의 사람을 대할 때 매우 조심스러워한다. 첫째는 어떻게 반응해야 할지 몰라 항상 눈치를 살핀다. 일단 긍정적인 반응을 느끼면 안심이다. 반대로 부정적인 반응을 느끼면 아무 잘못이 없음에도 불구하고 죄책감을 느낀다.

자기애가 강한 부모의 조건적인 사랑은 첫째에게 부담을 준다. 또한, 첫째가 어디에서 사랑을 구하느냐에 따라 사랑의 형태도 달라진다. 첫째는 집 안에서는 존경을 요구하며 집 밖에서는 칭찬과 인정을 원한다. 따라서 집에서는 존경을 받기 위해 동생에게 권력을 휘두르지만 집 밖에서는 다른 사람의 말에 동의하며, 다른 사람이 자기 의견에 동의하지 않아도 반응을 보이지 않는다.

♥ 둘째의 입장:

소위 반칙왕 둘째라고 할 정도로 첫째의 약점을 찾아 밝히고, 부모의 사랑을 얻기 위해 노력한다. 또 첫째보다 한 박자 빠르게 원하는 것을 쟁취하거나 첫째가 이루지 못한 것을 찾아 성취하여 부모의 칭찬을 받고자 한다. 둘째는 첫째에 대한 부모의 첫사랑을 끊기 위해 정면승부보다는 잔꾀를 부리거나 자신의 취약점을 이용하는 등의 전략을 짜기도 한다. 그래서 가끔은 욕심쟁이라거나 이기적인 아이로 미움을 받게 된다. 그러나 어린 나이의 둘째는 오히려 사랑과 위치 확보에 위태로움을 느끼고 더욱 더 박차를 가한다.

형제간 갈등을 조장하는 부모의 유형

차별하고 편애하는 부모

부모는 모든 아이에게 똑같이 자애로운 존재여야 하지만 현실은 그렇지 않다. 여전히 세상에는 변덕이 심하고, 겉과 속이 다르며, 형제들을 차별하는 부모가 많다. 아이가 다른 형제에 대해 질투와 경쟁, 열등감이나 위축감을 느끼거나 빼앗긴 부모의 사랑을 갈구한다면 차별받고 있는 것이다. 아이를 키우다 보면 어떤 아이에게만 더 허용적인 태도를 보일 때가 있다.

열 손가락을 깨물어서 더 아픈 손가락이 있다는 사실은 우리가 아는 불편한 진실이다. 부모는 정서적으로 더 친밀하게 느끼는 아이에게 더 공감하고 허용적인 태도를 보인다. 이는 한쪽 아이에게는 좋은 정서적 도구가 되지만 한쪽 아이에게는 치명적인 정서적 거절을 주기도 한다. 연구 결과에 의하면 부모가 다른 형제를 편애한 것을 경험한 아이는 그 사실에 대해 큰 슬픔과 분노를 느끼고, 자신의 존재에 대해 덜 중요하게 생각한다고 한다.

먼저 태어났다는 이유로 첫째 아이는 부모로부터 권한을 부여받고 잠시 우쭐해할 수 있다. 나중에 태어난 둘째는 출생 순서에 의해 무조건 따라야 한다는 부모의 편애에 불만이 생길 것이다. 자신의 선택이 아닌 것에 의해 부당한 대우를 받는다고 생각하면 수직관계

자체에 대한 거부감과 불만이 쌓여, 커서 사회규범이나 질서, 사회에서의 기본 서열이나 조직에서의 위계질서에 대해 이유 없는 반감과 반항심이 생길 수 있다.

감정적으로 대응하는 부모

아이들이 싸우는 모습을 본 후 감정적으로 심하게 동요하는 부모가 있다. 어린 시절 자신의 모습이 떠올랐거나 현재의 심리 상태가 불안정하여 감정적으로 대처하게 되는 것이다. 감정의 노예가 되어 아이들의 갈등을 무력으로 제압하기도 한다. 아이가 자기 마음에 드는 행동을 하면 귀여워하고 헌신적인 사랑을 쏟는다. 반면 아이가 자기 마음에 들지 않은 행동을 하면 비난하고 멀리하며, 때로는 혐오하고 부정한다. 눈살을 찌푸리고 욕설을 퍼붓기도 한다.

부모의 감정 상태에 따라 욕을 먹고 싸늘한 눈길을 받으며 자라는 아이가 좋은 말을 하거나 좋은 표정을 지을 수 없는 것은 당연하다.

비교하는 부모

부모 중에는 형제관계 갈등을 부추기고 유발하는 부류도 있다. 유치원에 갈 준비를 하는 아이들에게 '누가 아침밥을 빨리 먹나 보자'라든가, 숙제를 하라고 방으로 들여보내며 먼저 끝내는 사람에게 보상을 준다든지, 형제를 비교하여 자녀를 꾸중하는 등 부모의 이런 행동은 아이들이 서로를 협력적인 관계로 여기기보다 이겨야 하는 경쟁 상대로 여기도록 한다. 또한, 비교를 당하는 아이는 부모가 다른 형제보다 자신을 덜 사랑한다고 생각해, 매사에 질투하고 경쟁적인 구조로 형제관계를 몰고 갈 것이다. 형제와 비교해 칭찬을 받는 아이도 일시적으로 기분이 좋을 수 있지만 칭찬받을 만한 성과를 내지 못하면 사랑을 잃을지도 모른다는 생각에 부모의 사랑을 얻기 위해 지나치게 경쟁에 얽매이게 된다. 또 어떤 아이들은 비교가 된 다른 형제자매를 무시하게 되고 형제관계에서의 서열과 존중이 없어져 형제관계는 더욱 수렁으로 빠지게 된다.

지배적인 부모

성숙한 부모는 자주 자신을 돌아보고 잘못을 성찰하려고 한다. 아이의 잘못된 행동을 일반적으로 꾸짖기보다 자신에게도 그런 면이 있을지 모른다고 생각하며 반성한다. 반면 지배적인 부모는 '나는 완벽해'라고 생각하며 늘 자신을 최고의 부모라고 여긴다. 그런 독선적인 태도는 아이를 망치는 지름길이다. 성숙한 부모는 아이의 자기애를 채워주려고 노력한다. 그러나 지배적인 부모는 거꾸로 아이가 자신의 자기애를 충족시키도록 만든다. 지배적인 부모에게는 자신의 만족감을 채워주는 아이만이 착한 아이고 사랑할 가치가 있는 아이다. 반대로 자신의 자기애에 조금이라도 흠집을 내는 아이는 나쁜 아이로 낙인찍힌다.

부모의 차별이 질투를, 갈등을 야기한다

아담과 이브가 에덴동산에서 쫓겨난 뒤 낳은 형제가 카인과 아벨이다. 카인은 하느님이 아벨의 제물만 반가이 받아들이자, 질투심으로 인류 최초로 살인을 저지른다. 부모의 차별이 질투를, 질투는 분노를, 분노는 살인으로 이어졌다.

아이들은 누구나 자신이 더 부당한 대우를 받고 있다고 생각한다. 엄마는 상황에 맞춰 적절하게 대응한다고 생각하지만 아이는 그렇게 기억하지 않는다. 첫째는 "네가 형(언니/누나/오빠)이니까 양보해야지"라는 엄마의 말만 기억하고, 동생은 "형(언니/누나/오빠)한테 누가 그러래!"라는 말만 기억한다. 사실 엄마는 첫째 편을 들 때도 있고, 둘째 편을 들 때도 있다. 하지만 아이들은 자기 마음을 아프게 했던 기억을 더 오랫동안 마음에 담아둔다.

형제자매를 키우는 데 있어서 가장 절실하게 요구되는 게 '공평'

이다. 일반적으로 '공평'이라 하면 물건도 사랑도 똑같이 주는 것으로 생각한다. 하지만 때로는 똑같이 대하는 것이 오히려 불공평할 수 있다. 공평이란 필요한 사람에게 더 많이 주는 것이다. 단지 첫째라는 이유로 양보와 이해를 강요해서는 안 되며, 동생이란 이유로 첫째보다 적게 가지라고 요구해도 안 된다. 물건도, 사랑도, 시간도 똑같이 나누는 것을 기본으로 하되 상황에 따라 달리해야 한다. 절대적인 보살핌이 필요한 갓난아기에게는 많은 시간을 육아에 할애해야 한다. 반면 말이 조금씩 통하는 첫째에게는 양적인 시간보다 함께 공감하며 놀 수 있는 질적인 시간 활용이 필요하다.

차별의 폐해

첫째가 똑똑한 경우라면 동생은 상대적으로 덜 똑똑한 사람처럼 느끼고, 첫째가 성질이 까다로우면 그게 싫어서 동생은 뭐든 받아들이는 너그러운 아이가 되어야 할 것 같은 의무감이 생기는데, 이 과정에서 부모가 아이들을 차별하게 되면 서로에 대한 반감이 생긴다.

첫째의 경우 2년 차이로 동생이 태어났을 때는 언제든 버려질 수 있다는 불안감과 완고한 성향이 강해지기 쉽다. 엄마에게 집착하는 경향이 생기며 엄마의 관심이 동생에게 옮겨가면서 엄마를 빼앗겼다는 마음의 상처가 강하게 남을 수 있다.

나이 차가 3년 이상이 되면 상처받기 쉬운 시기는 아니지만 부모의 차별 정도에 따라 상처를 받을 수 있다. 애정 결핍 또한 느끼게 되는데, 그로 인한 고통을 피하고자 자신을 속이려고 한다. 둘째 아이의 출생 이후 첫째 아이에 대한 부모의 관심 변화나 차별은 형제들의 부정적인 상호작용에 반영되고, 다른 아이들과의 상호작용에서도 부정적인 행동을 보이는 경향이 있다.

낮은 자존감

차별을 당한 아이는 자신이 부당한 취급을 당한다는 것을 깨닫지 못할 수도 있다. 오히려 그것을 당연히 여기고, 부당한 취급을 당해도 상대를 화나지 않게 하려고, 혹은 상대의 마음에 들기 위해 시키는 대로만 행동하게 된다. 따라서 부모의 낯빛을 민감하게 받아들이며, 부모에게 과도하게 맞추려다 보니 자신의 진심을 말하지 못한다. 차별받는 아이는 안정감이나 자기긍정성도 낮아지기 쉽다. 자신의 능력이나 가치를 낮게 지각하고 학업성취도에도 영향을 준다.

열등감과 피해의식

부모가 형제자매를 차별하면 차별받는 아이는 열등감과 피해의식에 사로잡히게 된다. 특히 어린아이는 부모의 의도를 이해하는 데 자기중심적인 면이 있고 상황을 충분히 파악하고 이해하는 데 한계가 있다. 따라서 다른 형제는 특별대우를 하지만 자신은 이유 없이 피해를 보고 있다고 여긴다.

불안과 우울

첫째는 동생이 생길 때 부모로부터 더는 사랑받지 못할까 봐 불안해하고 걱정한다. 준비되지 않은 상황에서 부모가 동생에게만 관심을 보이면 첫째는 부모의 차별적 대우에 극도로 예민하고 부모의 사랑을 빼앗기지 않기 위해서 많은 정서적 에너지를 소모하게 된다. 이는 결국 우울증으로 발전하기도 한다.

적대적, 공격적 행동

부모가 과잉 통제하거나 엄격하게 훈육할 경우 형제관계는 부정적인 영향을 받는다. 이는 형제관계에서 적대적이고 공격적인 행동을 유발하여 또래관계로 연결될 수 있다. 또한, 부모와 불안정 애착을 형성한 아이들은 부정적 형제관계를 형성하여 애정 상실감과 함께 문제행동을 일으킨다.

대인관계의 어려움

부모가 형제를 차별하게 되면 형제간 상호작용에도 갈등이 생기고, 원만한 대인관계도 맺을 수 없다. 부모의 차별로 인한 애정 상실감과 문제행동이 사회에 적응하는 데 어려움을 겪게 하고, 지나친 경쟁심과 질투심을 경험한 아이는 대인관계에서도 지는 것을 견디지 못한다.

학교적응 문제

부모의 차별은 학교에서 교사와의 관계에도 영향을 미친다. 부모로부터 받지 못한 인정과 관심을 교사로부터 회복하려고 하나 객관적인 평가나 교사의 태도에 의해 좌절될 때가 많다. 이때 아이는 부모에게 품었던 적개심을 교사에게, 그리고 형제에게 품었던 질투와 피해의식을 친구들에게 전이하여 학교생활이 순탄하지 않다.

형제자매의 싸움

아이들이 싸울 때 그저 말리면 될 일인지, 아니면 야단을 쳐야 할지, 앞에 앉혀 놓고 화해를 유도해야 할지 부모는 늘 고민이다. 물론 싸움의 정도에 따라 달리 대응해야겠지만 꼭 기억해야 할 사실은 형제는 싸우기 마련이란 것이다. 연구에 의하면 형제 중 단지 7%를 제외하고는 싸움을 한다. 그중 3분의 1은 자주 싸움을 한다. 결국, 형제간의 싸움은 그 자체로서 심각한 일은 아니다. 아이들이 자라면서 극복해야 할 모습 중 하나이다.

아이들이 싸우는 이유는 다양하다. 가장 흔한 이유가 자신의 심리적인 욕구가 채워지지 않을 때다. 관심을 받고 싶은데 받지 못하고, 성취감을 맛보고 싶은데 좌절감을 느낄 때 싸움으로 불편한 감정을 터뜨린다. 부모로부터 충분한 관심을 못 받는다고 생각할 때 아이는 형제를 공격하면서 자신의 욕구 불만을 해소한다. 아이들이 싸울 때 놀랍게도 모든 아이가 자신이 차별당한다고 생각한다. 특히 부모가 아이들과 충분한 시간을 갖지 못할 때 더욱 그렇다. 이 경우 아이들은 이성이 아닌 동물적 본능을 드러낼 수 있다. 좀 더 많은 관심을 받는 아이를 공격하여 자신이 우위에 서면 더 많은 것을 얻을 수 있다고 생각하는 것이다. 부모가 보기에 말도 안 되는 방법을 아이는 무의식적으로 선택한다. 부모의 차별을 받으면 다른 가족까지 차별받는 아이에게 섭섭하게 대한다. 차별받는 아이는 당장은 아무것도 모른 채 차별을 감수하고 부모에게 걱정을 끼치지 않기 위해 노력하지만 나중에 돌아보면 한창 꿈을 꾸고 상상하고 어리광도 피우며 재미있게 지내야 할 시기에 차별을 당한 것이 억울하다. 믿고 싶지 않겠지만 부모의 차별 때문에 아이들의 관계가 악화되는 경우가 많다.

아이의 수준에 따라 불가피하게 나오는 행동의 차이를 아이가 이해할 수 있도록 엄마가 형제 각자에게 충분한 설명과 함께 객관적인 애정을 보이는 것이 중요하다.

● **차이점을 인정하자**
'아이들이 사이좋게 지내야 할 텐데'라는 생각 대신 '아이들이 어떻게 하면 서로를 존중하고 서로의 차이점을 인정할 수 있는지 그 방법을 알려주어야겠다'고 생각하자. 그러면 성장해서도 상대의 이야기에 귀를 기울이는 법과 자신과 다른 상대를 인정하고 존중하는 법을 배울 수 있다. 서로의 차이를 인정하고 각자 개성을 존중하는 힘과 자기들만의 특별한 형제애를 일깨우면서 둘을 함께 묶어주어야 한다.

● 부모의 애정을 독점하게 하지 마라
부모의 애정을 독점하면 미숙한 자기애를 가진 사람으로 자라기 쉽다. 차별하는 부모는 애정을 독점하는 아이에게 미움을 사고 싶지 않은 마음에 그 아이가 무엇을 하든 내버려 둔다. 이런 아이는 성인이 돼서도 재산이나 이익을 독점하려고 하며 다른 형제와 갈등을 빚는 일이 많다. 다른 아이들이 피해를 고스란히 입게 된다.

● 완벽을 바라지 마라
아이는 아무리 노력해도 부모의 마음을 완벽하게 충족시킬 수는 없다. 아이들은 항상 엄마를 기쁘게 하려고 애를 쓰지만 아이는 아이답게 덤벙거리기도 하고 버릇없이 굴 수도 있고 말괄량이처럼 행동할 수도 있다. 그렇다 해도 부모는 사랑한다고 말해야 한다.

● 폭력으로 대처하지 말자
아이들은 싸우면서 공격성이 드러날 수도 있고 거칠고 과격해질 수도 있다. 이때 부모가 아이들이 다툰다고 야단을 치면서 언어적·신체적으로 폭력을 행사해서는 안 된다. 부모가 폭력으로 대처하는 것은 아이에게 화가 나면 폭력을 사용해도 된다는 신호를 전달하는 셈이다. 이렇게 부모가 폭력을 사용하면 아이 역시 문제가 생겼을 때 폭력으로 해결할 가능성이 커진다.

● 부모가 재판관이 되려고 해서는 안 된다
아이들의 싸움도 나름의 뿌리 깊은 이유가 있다. 그런데 당장의 싸움만 가지고 잘잘못을 가리면 분명 누군가 억울하다는 느낌을 받는다. 부모는 경찰도 아니고 재판관도 아니다. 부모는 너희들이 싸우면 속상하고 멈췄으면 한다는 마음을 전달하는 것이 우선이다.

● 충분한 사랑을 받고 있다고 느끼게 해주어라
부모의 차별적인 행동이 아이들의 경쟁심과 분노의 감정을 일으켜 더욱 좋지 않은 상황을 만들 수 있다. 특히 첫째 아이는 다 컸다고 생각해서 사랑한다는 말을 하지 않더라도 충분히 잘 알 것이라는 건 잘못된 생각이다. 아이가 어느 정도 자랄 때까지는 부모가 조건 없는 사랑을 주고 있다는 것을 두 아이 모두에게 끊임없이 상기시켜야 한다.

칭찬의 방법

첫째는 정상인데 둘째는 학습 장애아일 경우, 부모는 첫째보다는 둘째에게 더 많이 신경 쓰게 된다. 당연히 첫째를 보는 시간보다 둘째를 보는 시간이 더 늘어난다. 그러면 첫째는 '아, 동생이 아파서 그러는구나'라고 생각하는 게 아니라 '우리 엄마 아빠는 나보다 동생을 더 예뻐하는구나'라고 생각한다.

어느 한 아이만 더 많이 사랑하지 않는다 해도 아이가 그렇게 느낀다면 부모는 그러한 감정을 풀어줄 노력을 해야 한다. 부모도 완전할 수 없기 때문에 편애의 감정을 느낄 수가 있다. 그렇지만 그걸 표현하는 순간 카인과 아벨처럼 극단적인 결과가 생길 수도 있다. 야곱의 편애로 색깔 옷을 입게 된 요셉 또한 그 형제들의 질투로 구덩이에 빠지지 않았는가.

둘째의 역할

부모는 형제에게 역할을 부여하는 경우가 많다. 부모가 부여한 역할은 아이 자신뿐만 아니라 다른 형제들에게도 영향을 미친다. 더불어 역할이 다르면 서로 적개심이 생기기도 한다. 세상에는 다양한 사람들과의 관계가 존재하는데, 아이를 한 가지 역할로 규정지으면 어떻게 세상을 잘 헤쳐나갈 수 있겠는가. 그러므로 부모는 은연중에 아이를 어떠한 역할로 규정짓지 않도록 신경 써야 한다. 누구나 한 가지 역할이 아닌 자신의 잠재력을 마음껏 발휘할 기회를 주어야 한다. 비록 아이 자신이 생각지 못한 잠재력이라 해도 말이다.

둘째는 "너 참 믿음직스럽다"와 같은 성과를 인정해주는 말을 좋아하며, "지적해줘서 고마워. 덕분에 수고를 덜었어"처럼 꼼꼼한 일처리를 인정해주는 말을 잘 받아들인다. 둘째에게 칭찬하려면 "너는 확실히 세밀한 부분까지 관심을 쏟는구나", "유익한 제안을 해줘서 고마워"와 같이 말해야 한다. 둘째는 말로 의사를 표현하기보다는 감정을 객관적으로 정리할 수 있는 글을 선호한다. 그들의 의사소통 방식은 판단, 평가를 바탕으로 한다. 실수를 찾아내며 듣는다. 지적하거나 판단함으로써 반응한다.

둘 이상의 자녀를 둔 부모의 칭찬법

아이들의 자기애를 만족시키는 것은 칭찬과 주목이다. 유치한 자기애는 상대를 무릎 꿇리고 얕잡아봄으로써 치유를 얻으려고 한다.

저항하는 상대를 완력으로 누르려고 하고, 그대로 말을 듣지 않으면 끝까지 물고 늘어져 결국엔 굴복시키려 한다. 형제자매간의 분쟁은 자기애와 자기애의 충돌 때문에 일어나는 경우가 많다. 자신은 상대를 위해 최선을 다했는데도 배신당하고 상처를 입었다는 피해의식 때문이다. 자기만 옳고 상대는 틀렸으며, 자기만 부당하게 상처 입었다고 여기는 것이다. 아이들은 유치한 자기애 때문에 아무리 상대에게 짓눌려도 결코 자신이 졌다거나 잘못했다고 인정하지 않는다. 자기 고집을 꺾고 싶지 않아서다. 아무리 큰 손실을 보아도, 심지어 다치는 한이 있더라도 끝까지 고집을 부린다. 그런 경향은 부모에게 강하게 부정당할수록 더욱 강해진다. 조금이라도 부정당하면 격렬한 분노에 사로잡혀 이성을 잃고 반격에 나선다.

아이 한 명 한 명이 특별한 존재라는 것을 인식시켜라

아이들에게는 무조건 공평하게 주는 것보다는 필요에 맞게 주는 것이 중요하다. 똑같이 사랑한다고 말하는 것보다는 아이들 각자 특별한 존재라는 것을 인식시키자.

"이 세상에서 너는 단 한 사람이야. 엄마는 그런 널 사랑해."

형제자매에게 똑같은 시간을 할애하기보다는 아이가 엄마를 필요로 하는 시간을 함께 보내자.

편애하는 감정을 내비치지 마라

부모는 한 아이만 유독 예쁘고 사랑스럽다 해도 그 감정을 아이들 앞에서 내비치지 않도록 조심하자. 그러기 위해서는 부모가 자신에게 솔직해져야 한다. 자신의 감정을 제대로 알면 상대적으로 덜 예뻐하는 아이의 입장을 이해할 수 있기 때문이다.

공평하게 대하라

아이마다 성별, 발달 연령, 기질 등을 고려하자. 사내아이와 여자아이, 뛸 수 있는 아이와 이제 겨우 걸음마를 배우는 아이, 기질이 까다로운 아이와 순한 아이 등 저마다의 특성에 따라 대우는 달려져야 한다. 그것이 공평한 것이다.

있는 그대로 인정해주자

부모가 공부나 착한 행동 등의 특정 잣대로만 형제를 비교하여 칭찬하거나 꾸중한다면 형제관계가 나빠진다. 아이들은 부모의 사랑을 더 얻기 위한 수단으로 부모가 원하는 것에만 몰두하여 자신의 삶을 살게 된다. 이렇게 되면 자신이 진정으로 원하는 것을 찾지 못해 불행해하는 사람이 될 수도 있다. 모든 형제자매가 각자 가지고 있는 장점과 특기가 다르고, 각자 다른 영역에서 칭찬을 받을 수 있는 유능함이 있음을 알려주자.

개별적으로, 질적으로 상호작용하자

아이는 부모와 같이 있지만 늘 다른 형제에게 더 많은 사랑을 주는 것 같아 항상 불안하고 손해 본다는 생각을 한다. 그럴 때는 하루 15분씩이라도 형제자매 각자와 단둘이 있는 시간을 마련해야 한다. 집안일이나 전화 등으로 방해받지 않는 오로지 둘만이 함께 있는 시간 말이다. 아이들이 공주 스케치북, 사탕, 블록 등으로 싸운다고 하더라도 각기 한 명씩 분리된 공간에서 엄마가 자신의 말을 들어주고 공감해주면 스스로 화해한다.

첫째 아이의 위신을 세워주자

첫째가 둘째에 대해 '너 때문에 내가 더 억울해'라는 마음을 자주 느낀다면 동생의 존재는 부담과 스트레스가 된다. 동생 때문에 동생 앞에서 부모에게 꾸중을 듣거나 늘 자신의 것을 동생과 나눠 가져야 하며, 심지어 동생과 비교되어 흠이 잡히고 있는 아이라면 동생에게 늘 화가 나 있고 질투의 화신이 될 것이다.

이런 경험이 쌓인 아이는 다른 아이들에게는 친절하고 잘 배려하지만 자신의 동생에게만은 반대의 행동을 한다. 첫째는 둘째 앞에서 힘 있고, 체면이 서는 첫째 대접을 해주었을 때 바람직한 첫째 역할을 하려 든다. 첫째가 형으로서의 좋은 역할을 수행했다면 놓치지 않고 "형답구나", "형이라 역시 다르구나" 등으로 긍정적인 강화를 해줄 필요가 있다.

분노 관리하기

아이들은 기질이 모두 다르기 때문에 같은 형제라도 어릴 때부터 거친 아이가 있는가 하면 순한 아이도 있다. 부모는 아이가 어떤 성향이나 기질을 가졌는지 아이의 행동 속에서 파악할 수 있다. 그러나 첫째 아이가 공격적이고 난폭한 아이라고 해도 착한 면이 있다. 둘째 아이는 부모의 손길이 많이 필요하다고 생각하기 쉬우나 그렇다고 늘 피해자라는 인식은 버려야 한다. 피해자와 가해자가 있는 게 아니라 서로 존중하고 존중받는 법을 배우는 아이들이 있을 뿐이다.

부모에 따라서는 상대적으로 신경이 덜 쓰이는 아이가 있다. 무던한 아이보다는 아무래도 까다로운 아이에게 신경을 더 쓰게 되고, 혹은 여러 아이 중 한 아이를 더 좋아할 수도 있다. 그러나 편애하는 아이가 있으면 부모는 죄책감을 느끼기 마련이다. 모든 아이를 열정적으로 똑같이 대할 수는 없지만 두 아이를 주의 깊게 살펴보아야 한다. 그래야 그 아이만의 특별함을 발견할 수 있다. 그 점을 발견해서 사랑해주어야 한다. 아이의 개성에 따라 그에 맞는 사랑을 보여주고 보살피면 아이는 자신이 가장 사랑받는 사람이라고 생각할 것이다. 부모가 생각을 바꾸면 아이는 변한다.

첫째는 어떨 때 화가 날까?

"처음에는 저도 너무 좋았어요. 하지만 얼마 안 가서 동생이 모든 관심의 대상이 되었고, 저는 우울해졌죠. 어리기는 했지만 그런 기분이 들었어요. 하루는 더 참을 수가 없어서 동생의 오른뺨을 때렸어요."

첫째 아이는 엄마 앞에서는 동생을 잘 돌보아주다가도 잠시 얼굴을 돌리면 동생을 꼬집고 때리는 경우가 많다. 늘 첫째에게 사랑을 주고 동생이라고 특별히 더 사랑하지도 않았는데 왜 이런 일이 벌어질까? 첫째 아이가 동생을 해코지하는 것은 동생이 미워서라기보다는 자신에게 향했던 부모의 사랑과 관심을 동생이 빼앗을까 봐 두렵기 때문이다. 이런 경우 부모는 실제로 알게 모르게 동생을 편애한 것은 아닌지, 어린 동생을 돌보느라 첫째에게 소홀하지는 않았는지, 형이나 언니의 역할만 강요한 건 아닌지 점검할 필요가 있다.

아이들은 부모의 관심과 사랑을 원할 때 일부러 말썽을 피우기도 한다. 어린 동생이 잘못되면 부모는 촉각을 곤두세울 것이고 곧 자신에게 관심을 돌리게 될 것으로 생각하는 것이다. 첫째는 동생이 태어나면 새로 태어난 아이에게 밀려나 외톨이가 된 것 같은 느낌이 들게 된다. 아무도 자신을 좋아하지 않는다고 느낄 뿐 아니라 부모에게 사랑을 충분히 받지 못하고 때로는 무시당한다고 느낀다. 더 나아가서 동생과 비교해서 자신이 엄마에게 사랑받을 자격이 없다고 느끼게 되면 엄마와 연결이 약해지고 있다고 믿게 된다.

둘째의 감정적인 대처

둘째는 감정을 바로 분출하지 않고 억누르는 경우가 많다. 바보 같은 첫째 때문에 기분을 망치느니 차라리 무시하는 게 낫다고 생각한다. 그래서 감정적으로 대처하기보다는 이성적인 판단을 한다. 엄마에게 게임을 하다 형이 혼나면 동생은 바로 옆에서 그림책을 펴들고 읽기 시작할 것이다. 형이 혼나는 모습을 보면서 자기는 그런 행동을 해서 혼나지 말아야지 다짐을 하는 것이다. 따라서 둘째 아이는 상황의 대처가 빠르다. 자기는 몸도 작고 힘도 부족하지만 엄마에게 잘 보이거나 엄마의 관심이나 사랑을 차지하면 형에게 대항할 수 있다고 생각한다. 그래서 둘째들은 과도하게 울어 엄마의 관심을 끌기도 하고, 엄마가 좋아하는 행동을 하여 엄마의 사랑이 자신에게 쏠리도록 행동을 한다. 그런 의미에서 둘째는 부모의 감정을 읽거나 부모의 표정을 간파하는 능력이 뛰어나다.

분노를 관리하기 위한 부모 지침

부모가 해야 할 일은 아이가 나쁜 행동을 멈추고 행동에 대한 책임감을 갖도록 하는 것이다. 아이가 하루아침에 변할 거라는 기대는 하지 않는 게 좋다. 그렇지만 아이가 잘못할 때마다 아이의 눈을 똑바로 바라보며 이렇게 이야기해주어야 한다. "네 안에는 착한 심성이 들어 있어. 이제 그 심성을 꺼내어 사용해보렴." 부모는 아이가 나쁜 방향으로 나아가지 않도록 모든 지혜를 발휘해야 한다. 부모가 형제의 감정이 대립하는 상황을 현명하게 다스리고 아이의 분노를 잘 관리하려면 다음과 같은 사항을 기억하자.

아이의 감정을 읽고 경청하라

부모는 아이들이 무척 화가 나 있다는 사실을 인정해야 한다. 아이의 화는 편도체에 90초 이상 머물기 때문에 아이에게 화를 억제하려고 하기보다는 화를 풀 시간을 주고 그 화를 긍정적인 감정으로 바꾸어주어야 한다.

그러기 위해서는 아이의 감정을 인정하고 읽어주는 것부터 시작하여야 한다. 아이의 화가 악화되는 것은 자신의 감정이 무엇인지 모르기 때문인 경우가 많다. 이때 부모가 아이의 감정을 읽어주면 자신의 감정에 대한 불확실성이 해소되어 화가 쉽게 가라앉는다.

만약 첫째 아이가 "블록을 쌓는데 자꾸 망가뜨리잖아!"라고 화를 낸다면 "힘들게 쌓은 블록을 동생이 무너뜨렸으니 화가 날만 하구

나. 또 아기가 널 화나게 하는 게 있니?"라고 아이의 감정을 읽어주어야 한다.

"너희들 정말 화가 많이 났나 보구나."

"그러니까 동물원을 만들고 싶었던 거로구나. 그것도 혼자서 말이야."

"그런데 너는 오빠가 노는 걸 보고 같이 놀고 싶었던 거고?"

아이가 화가 나면 화도 내지만 자기 뜻을 대변하는 말이나 행동을 하려고 할 것이다. 이때 각자의 입장을 존중하여 의견을 들어야 한다. 경청하면서 아이들 문제를 가볍게 보지 말고 부모가 봐도 어려운 문제라는 걸 인정해줄 필요가 있다. 이런 경우 부모가 두 아이의 입장을 모두 이해해주는 것이 가장 중요하다. 그러면 아이도 부모로부터 존중받는다는 느낌을 받는다.

괴롭히는 행동은 제지하되 피해를 본 아이에게 집중하라

엄마에게 무례하게 굴거나 동생을 다치게 하거나 물건을 던지는 등 허용해서는 안 되는 행동은 아이의 감정이 아무리 격할 때라도 반드시 제지해야 한다. 부모는 아이와 교감하거나 방향을 잡아주기 전에 아이의 나쁜 행동을 제지하거나 아이가 상황에서 벗어나도록 해야 한다.

그리고 형제가 싸우는 상황에서 아이를 혼낼 때 주의할 점은 잘못된 행동을 한 아이에게 주의를 기울여서는 안 된다는 것이다. 다른 아이의 행동으로 인해 피해를 본 아이에게 집중하고 아이의 상처를 어루만져주는 데 신경을 써야 한다. 잘못된 행동을 한 아이를 혼내는 데 집중하면 그 아이는 잘못된 행동을 계속 반복할 수 있다. 엄마에게 혼이 나면서도 '와, 대단한걸! 엄마가 나만 상대하네'라고 생각할 수 있기 때문이다.

부모의 마음을 표현하라

아이는 감정이 안정되면 부모의 말을 들을 준비를 하게 된다. 아이가 원하는 것 중 부모가 해줄 수 있는 것이 있다면 구체적으로 약속을 하고, 앞으로 무엇을 할지, 그것을 재미있게 하기 위해 같이 계획을 세우는 등 아이와 문제 해결을 위한 방법을 함께 고민해보자.

"엄마는 너희 둘 다 사랑해. 그래서 누구 하나라도 다치게 되면 너무나 속이 상해."

스스로 해결하게 하라

아이들 문제는 아이들 스스로 풀어야 하고 또 풀 수 있다는 확신을 주어야 한다. 분명한 건 부모는 아이들끼리 싸울 때 해결해주거나 판단을 내려주는 역할을 하는 게 아니라 아이들이 서로 대화할 수 있도록 통로를 마련해주어야 한다는 것이다. 아이들이 스스로 해결 방법을 찾으면 다행이지만 어느 쪽도 말하지 않으려 할 때는 부모가 한두 가지 제안을 해주는 것도 바람직하다.

"장난감을 둘이 함께 가지고 놀든지 아니면 친구 집에 가서 놀든지 결정하렴."

부모가 잠시 자리를 비켜주는 것도 필요한데, 그 자리에 계속 있으면 아이들은 서로 자기편을 들어달라고 할 것이다.

"엄마 생각에는 너희 둘이 머리를 맞대고 생각하면 모두에게 좋은 해답이 나올 것 같구나."

부모가 본보기가 되어라

아이는 부모와 처음으로 관계맺기를 한다. 이런 사회적 관계에서 부모의 행동을 아이는 보고 배우게 된다. 부모의 말투나 표정은 물론 행동이나 분노 조절하는 것까지 닮는다. 부모가 짜증을 자주 부리면 아이 역시 사소한 일에도 짜증을 낸다. 아이도 엄마가 이성을 잃고 소리를 지르면 조금 있다가 똑같이 소리를 지른다. 반대로 부드럽게 말하면 아이도 온순하게 말한다.

왜 멋있게 말해?
_형제를 키우며 얻은 깨달음

〈집, 사람〉 작가 김수경

우리 집 둘째는 양파 반찬을 좋아한다. 양파 한 점을 밥 위에 올려주니 맛있게도 오물거리기에 칭찬 담은 눈빛으로 바라보았다. 그걸 반짝하게 알아채고는 "엄마, 양파를 먹으면 튼튼해지고 키도 쑥쑥 크지?" 하고 이미 알고 있는 것을 다시 물어온다. "그런데 형아는 왜 안 먹을까?" 하고 결국 미운 뒷말도 덧붙이고 만다. 거의 매일 저녁 식탁에서 일어나는 일이다. 첫째 아이는 두부와 달걀처럼 부드러운 반찬을 좋아하고 둘째 아이는 무엇이 되었든 고기가 꼭 있어야 밥을 먹는다. 양파는 고기와 함께 먹으면 맛이 좋다는 것을 깨친 후에 좋아하게 된 채소이니 말은 다했다.

"한 배 속에 품어 낳았는데 어쩌면 이렇게도 다를까" 하는 말은, 성향과 생김 하물며 식성도 다른 우리 집 두 아이에게도 꼭 들어맞는다. "형아는 양파는 좋아하지 않지만 달걀이랑 매운 찌개를 잘 먹잖아" 하고 편을 들어주면 둘째 입은 금방 삐죽한데 그렇다고 첫째 표정이 썩 개운하지도 않기에 어느 순간 그렇게 말하는 것도 그만두었다.

한번은 이런 일이 있었다. "너는 왜 자꾸만 멋있게 말하려고 해?" 하고 첫째가 큰소리를 낸 것이다. 평소 보지 못한 모습이었다. 차를 타고 외출을 하다가 누군가 길을 건너는 모양을 보고 교통규칙에 대한 이야기를 하는 중이었다. 둘째 녀석은 내가 하는 말을 잘 들었다가 마치 요약이라도 하듯 문장을 만들어 다시 되묻곤 한다. 모퉁이에서 돌아 나온 차가 횡단보도 신호를 무시하고 달리는 것을 보고 초록불이라도 조심해서 건너야 한다는 이야기였는데 둘째 아이가 얼른 "초록불이어도 차가 올 수 있으니 뛰어가면 안 되지요?" 하고 되물었다. 남편이 그런 녀석이 귀여워 칭찬을 해주었더니 유치원에서 배운 신호등 노래까지 열창을 하고 박수를 받았다. 목적지까지 가는 동안 비슷한 대화들이 오갔고 내내 조용히 앉아 있던 첫째가 갑자기 그렇게 큰소리를 내고 만 것이다. 내가 좀 놀라 "동생이 자꾸 멋있게 말하려고 하는 것 같아?" 하고 물었더니 녀석이 꽤나 억울한 마음이었는지 고개를 꾹 눌러가며 끄덕였다.

첫째는 성품이 따뜻하고 마음의 품이 넓다. 어쩌면 이런 아이가 내게 왔을까 싶게 내게 늘 배움을 주는 보물 같은 아이다. 네 살에 동생을 보았기에 힘든 나날도 있었지만 지금까지 별 탈 없이 동생을 받아들여주고 귀애해주기에 내가 그만 쉽게 생각해 놓치고 만 부분들이 있었지 싶다. 아무리 형이라지만 첫째도 이제 겨우 아홉 살. 엄마의 사랑을 햇볕처럼 받아야 하는 나이이다. 반짝이는 기지로 칭찬과 박수를 받아먹고는 "형아는 왜 튼튼하게 해주는 양파를 먹지 않아?" 하고 바른 소리로 공격해오는 동생이 때때로 얄미웠을 것이다. 엄마는 내 마음을 아는지 모르는지, 어떤 날은 아는 것 같아 안심했다가도 어느 날은 영 모르는 것 같아 억울한 마음이 들었던 모양이다.

나에게도 여동생이 하나 있다. 나이 터울도 꽤 있는데다 타고나기가 귀엽고 애교스러워서, 마음을 밖으로 풀어내기보다 속에 차곡차곡 모아두기 좋아하는 나는 상대적으로 매사 뚜-해보였다. 대가족 안에서 자라는 동안 조부모님께 내가 가장 많이 들은 말은 '커다란 놈이 쪼끄만 것을 이겨서 무엇 하느냐'였다. 져주고 양보하고 이해하려고 노력하는 일은 마치 습관 같은 것이 되어버려 나도 모르는 사이에 큰 녀석에게 내가 받아온 육아법을 그대로 대물림하고 있었던 것 같다. 그때그때 풀지 못하고 마음에 차곡차곡 모아두는 기질은 내게서 물려받았을 것이 틀림없는데 나는 결국 속앓이의 외로움까지 물려주고 말았다는 생각에 마음이 아팠다.

수요일은 하교가 일러 첫째 아이와 도서관에 가는 날로 잡았다. 도서관은 걸어서 십오 분 정도의 거리에 있는데 책을 보는 것도 즐겁지만 손을 잡고 오롯이 둘이 걸을 수 있는 이 시간이 참 좋다. 이 시간은 첫째의 생각에서 무엇이 자라고 있는지를 들여다볼 수 있는 좋은 기회가 된다. 이렇게 걸을 때 굳이 먼저 묻지 않아도 속상했던 일들을 털어놓는데 내가 하는 일은 그저 잘 들어주는 것뿐이다. 돌아오는 길에는 녀석이 좋아하는 달걀토스트를 사서 나눠먹는다. 너는 나에게 무척 소중한 존재이고, 네가 동생도 소중하게 생각해주어서 고맙다고 말해주면 그것으로 이미 충분하다는 듯이 토스트를 크게 베어 물고 웃는다. 둘째가 유치원에서 돌아오면 "형아가 너에게 읽어주려고 재미있는 책을 많이 빌려왔어" 하고 첫째에게 다 들리도록 크게 말한다. 아직 글 읽기가 어려운 둘째에게 책을 읽어주는 (그것도 아주 재미있게 읽어주는) 형은 세상 가장 고맙고 커다란 사람이다. 그러면 첫째는 의젓하게 "책 한 권 가져와. 형이 읽어줄게" 하고, 둘째는 냉큼 달려가 책을 뽑아들고 와 얌전히 곁에 앉는다. "형아가 책 읽어주어서 정말 좋았겠다." 하고 말하며 둘째 아이를 꼭 안아주면 녀석은 녀석대로 행복해하고 첫째 아이는 동생을 귀여워하며 뿌듯한 표정을 짓는다.

마음의 모양과 생김도 생각의 빠르기와 하물며 식성까지 달라도 너무 다른 두 아이를 각진 모서리에 맞춰 쌓아올리려고 하면 자꾸만 투덕거리는 소리가 났다. 다만 각자의 이야기에 귀기울여주고 고마움을 표현해주면 둘은 어느새 나란히 앉아 책을 읽고 이야기를 나누고 서로를 끌어안았다. 형제 엄마의 일은 지치지 않고 서로의 소중함을 깨우쳐주는 일인 것 같다.

경쟁
둘째는 다른 형제보다 더 잘하고 싶다

● ● ● ● ● ● ● ● ● ● ●

경쟁의 뇌
형제의 긍정적 관계
반항의 심리
형제의 난을 막는 방법
형제의 놀이
형제간의 경쟁을 긍정적으로 이끄는 양육가이드
남매 콤플렉스
남매의 놀이
콤플렉스 없이 남매 키우기 위한 양육가이드
자매의 질투
자매의 놀이
우애 깊은 자매로 키우기 위한 양육가이드
세 자녀 키우기

칼럼3 바람 잘 날 없는 세 자매, 그래도 함께가 좋아_세 자매의 공존에 필요한 것
〈보통의 육아〉, 〈보통의 엄마〉 작가 김나영

경쟁의 뇌
-형제간에 형성되는 경쟁 관계

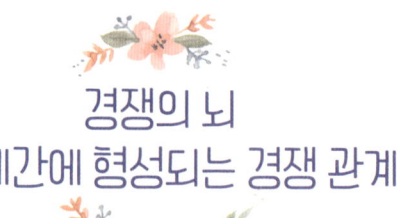

 아이들은 하루의 반 이상을 형제자매와 보낸다. 이는 부모나 교사, 혹은 친구들과 보내는 시간보다 훨씬 많다. 보통 둘째는 첫째가 하는 것은 무엇이든 저도 하겠다고 나선다. 첫째의 장난감이나 인형을 빼앗으려 들고, 첫째가 학교에 가면 자기도 가겠다고 따라나선다.

 부모가 형제간의 경쟁 심리를 부추기는 경우가 많다. "형은 저렇게 잘하는데", "언니는 안 그래" 하면서 말이다. 형제자매는 원하든 원치 않든 서로 경쟁하며 살아갈 수밖에 없다. 그 경쟁심의 뿌리는 부모의 관심과 애정을 두고 벌이는 쟁탈전이다. 태어나면서부터 철들기 시작할 무렵까지 형성되는 경쟁 관계는 평생 이어진다.

 형제들은 출생 순서, 성별, 육체적 특징, 기질적 특성의 차이를 바탕으로 가족 구조 안에서 다른 역할을 만들어낸다. 이 역할은 부모의 비위를 맞추는 다른 방식이기도 하다. 예를 들어, 첫째는 둘째 앞에서 대리 부모 행세를 함으로써 부모의 총애를 추구할 가능성이 크다. 둘째는 같은 방법으로 부모의 환심을 살 수가 없다. 일반적으로 둘째의 지위는 부모 역할이나 성실한 행동과는 거리가 멀며, 사교적인 쪽으로 기울어진다. 크면서 독특한 관심사와 재능이 생기게 되면 형제는 각자의 지위를 더욱 다각화한다.

형제자매들의 경쟁전략

첫째의 경쟁전략

첫째는 자기 집의 둘째보다 다른 집 첫째와 성격이 더 비슷해 보일 만큼 그 둘의 성격 차이가 크다. 특히 첫째는 부모와 권위에 더 큰 일체감을 느끼는 경향이 있다. 첫째의 일반적인 태도, 곧 야망, 성실, 성취 지향과도 부합한다. 첫째는 둘째와 비교할 때 더 순응적이고, 인습적이며, 방어적이기도 하다. 이것들은 경험에 대한 개방성과 반대되는 특징들이다. 첫째가 권력과 권위에 더 강력하게 공명하는 것은 자연스러운 현상이다. 그들은 자신이 먼저 가족 구성원으로 편입되었다는 사실과 우세한 체격, 힘을 바탕으로 자신의 특수한 위치를 방어한다. 첫째는 둘째와 비교할 때 자기주장이 더 강하고, 사회적으로 우세하고, 패기만만하고, 지위를 지키려고 몹시 경계하며, 방어적이다.

둘째의 경쟁전략

둘째의 인생은 첫째와 매우 다르다. 태어날 때부터 강력한 경쟁 상대가 눈앞에 있기에 그 뒤를 아장거리는 걸음으로 쫓아가야 한다. 그래서 가혹하고 불리한 경쟁에 휘말리는 일도 많다. 특히 형제의 수가 많았던 과거에는 첫째와 다른 아이들의 격차가 더욱 심했다. 둘째는 이 같은 상황에 적응하기 위한 전략을 세우며, 그 전략을 실행하는 과정에서 특유의 성격을 가진다.

열망을 실현하기 위한 능력, 혹은 패배를 싫어하는 강한 기질을 태생적으로 갖춘 둘째의 경우, 대표적인 전략 중 하나가 첫째를 목표 삼아 그 뒤를 쫓는 것이다. 그리고 언젠가 뛰어넘겠다는 열망에 휩싸여 공격적이고 야심적인 성격을 띠게 된다. 그런 야심은 첫째와 달리 매우 현실적인 계산에 근거한 것이다. 따라서 비현실적인 몽상이나 열망에 도취하여 중도에 넘어지는 일은 좀처럼 없다. 위험에 대비하며 주위를 살피는 일도 잊지 않는다. 한편 능력이 평범하거나 경쟁을 원하지 않는 성격을 가진 둘째의 경우 적극적인 경쟁이 오히려 독이 될 수 있다. 서로가 마찰이 생기고 낙담하게 되는 일이 많아지기 때문이다. 그럴 때 둘째는 자신의 기대나 요구를 드러내지 않고 첫째에게 종속하게 된다. 최고가 되려는 마음이나 커다란 성공에 대한 열망을 포기하고 현실에 적당히 만족하려는 것이다. 그럼으로써 쓸데없는 마찰을 피하고 분수에 맞는 몫을 건실하게 확보하려고 한다.

세 자녀 중 둘째의 경쟁전략

앞서 태어난 첫째와 치열하게 경쟁 중인 둘째에게 또 하나의 경쟁 상대가 나타나는 경우가 있다. 늦게 태어났다는 이유만으로 둘째가 받지 못했던 애틋한 대접을 받는 동생이 출현한 것이다. 둘째는 앞에서 달리는 첫째를 이기기도 해야 하지만 뒤에서 따라오는 동생에게도 지지 않기 위해 달려야만 한다. 그러나 이렇게 노력하지만 가족 안에서 둘째가 앉을 수 있는 특별한 의자는 없다. 둘째가 없어도 가족은 잘 살아가고 있고, 둘째가 있을 때 그들은 여분의 의자를 꺼내주었다. 오래전 사회의 토대를 만들었던 것도 이들이다. 그들은 견실함이나 안정성을 우선시한다. 또 현실적으로 균형감각이 뛰어나 꿈같은 이야기나 감언이설을 들으면 수상쩍은 분위기를 감지하고 냉정히 대처하므로 실수하는 일이 없다. 이는 어린 시절부터 고생하며 몸으로 익힌 것으로, 첫째가 하루아침에 흉내 낼 수 없는 능력이다.

둘째의 열등감 극복

아들러의 어린 시절은 만성적인 질병과 다섯 형제와의 적대적 관계로 점철되었다. 결국, 신체적 열등감과 형제간의 경쟁은 그의 이론에서 중심적인 개념이 되었다. 아들러의 이론은 유아의 깊은 무기력감, 즉 어떤 신체적 열등감이나 허약함, 특히 매우 취약한 상태에 대한 인식과 함께 시작한다. 이러한 생물학적인 취약성은 아들러의 이론에서 개인에게 지속적으로 존재하는 심리적 상태의 뿌리인 열등감이 된다. 평생의 보상추구 기저 동기를 제공하는 것은 바로 이러한 열등감을 극복하려는 투쟁이다. 생애 전반에 걸쳐서 개인은 완벽과 우월감을 추구함으로써 이러한 지각된 결함을 보상하려고 한다. 결함 그 자체보다는 오히려 피할 수 없는 열등감에 대해 개인이 선택한 특정 태도가 아들러에게는 가장 중요했으며, 용기 있는 태도가 있다면 지각된 경험은 긍정적인 자신이 될 수 있을 것이다. 우리는 모두 생물학적인 결함을 극복하고 인간 승리를 한 극적인 예들을 알고 있다.

고대 그리스의 웅변가이자 정치가였던 데모스테네스(Demosthenes)는 어린 시절의 말더듬증을 극복하고 위대한 웅변가로서 명성을 얻었다. 보상을 향한 추구는 용기를 가지고 행할 때 여러 가지 건설적이고 건강한 성과를 이룰 수 있다. 그렇지만 보상 노력이 실패하면, 개인은 병적인 열등감에 시달릴 수 있다. 아들러는 인간 행동 발달의 결정 요인을 열등감을 보상하기 위한 우월성의 추구에서 찾았다. 작은 키라는 신체적 열등감을 극복하고 우월성 추구의 노력으로 황제가 된 나폴레옹이 그 예다.

아들러에 따르면 첫째는 상실감에 빠지고, 둘째는 경쟁에 뛰어드는 입장이기 때문에 두 가지 유형으로 나눌 수 있다.

경쟁에 고착된 유형

이 유형의 아이는 형과의 관계에서 경쟁주제를 해결하지 못하여 지나치게 집착하게 된다. 이들 삶의 주요 테마는 오직 누가 이기느냐, 누가 힘을 가지느냐이다. 이들은 형제관계와 가족관계를 넘어서 친구관계, 직업적 관계에서도 경쟁 구도로 모든 것을 해석하고 반응하기도 한다. 직업으로 혁명가나 개혁가가 될 소지가 많아 스스로 늘 긴장감 속에 살게 된다. 이들의 대인관계는 편하지 못하고 융화와 타협보다는 투쟁의 구조로 끌고 갈 확률이 높다.

경쟁에 실패하여 자포자기한 유형

첫째가 매우 우수한 경우, 둘째는 감히 도전할 수 없다고 자포자기하는 경우가 많다. 첫째에게 도전할 것을 단념하고 위축된 태도를 보이거나 늘 실의에 빠져 있는 경우이다. 이들은 자신이 도전하여 얻을 수 있는 것은 이 세상 어디에도 없다는 염세적인 생각에 빠져 있다. 무기력하고 의욕이 없으며 능력에 비해 노력하지 않는 둘째에게서 많이 보이는 유형이다.

형제의 긍정적 관계

형제가 협력하여 다른 아이들과 싸우는 경우가 있다. 이런 싸움은 얼마나 다쳤느냐가 중요한 것이 아니라 형제가 모욕과 괴롭힘을 당할 때 그것을 참지 않는다는 것이다. 부모 입장에서는 형제가 이런 싸움에 말려들어도 놀라지 않는다. 형제가 싸움에 말려든 이유를 이해하고 아직 어려서 그렇게 싸워도 큰 상처가 나지는 않는다는 것을 알면 아이들 스스로 일을 해결하면서 우애를 다지기 때문이다.

형제자매는 서로에게 영향을 주고받는 특별한 관계다. 아이의 첫 사회적 관계가 되고 가족 이외의 사람과의 상호작용의 기본 바탕이 된다. 형제자매는 처음엔 놀이 친구이고 자라면서 교사, 친구, 동료, 보호자, 경쟁자, 이상형 등 다양한 몫을 수행한다. 형제간의 긍정적인 감정은 공감 능력, 수용 능력, 책임감 등으로 발전할 수 있다. 반면 부모가 형제간의 특성을 이해하지 못하고 편애를 하거나 중심을 잘 잡지 못하면 부정적 결과를 초래할 수 있다. 부모로부터의 애정 결핍은 물론 책임에 대한 과도한 부담감, 불안, 감정 억압, 반항과 학교 부적응, 우울증 등의 심리 문제가 그것이다. 따라서 부모는 각각의 아이를 개별적으로 충분히 인정해주고, 아이들 각자가 자신이 충분히 사랑받고 있다는 느낌이 들 수 있도록 노력해야 한다.

부모가 아이들에게 역할을 부여하기도 하지만 아이도 자신에게 역할을 부여한다. 긍정적인 역할을 부여받은 아이는 그 역할이 인생에 전반적으로 좋은 영향을 미친다. 이를테면 아이가 자신의 노력을 부모로부터 칭찬받으면 아이는 그 말에 고무되어 열심히 공부하고 좋은 학교에 입학하고, 더 나아가 원하는 삶을 꾸려나가게 될 가능성이 크다. 아이의 노력을 칭찬하는 것이 아이 인생에 긍정적으로 작용하는 것이다. 부모가 아이의 책임감을 칭찬하면 아이는 부모의 기대에 어긋나지 않기 위해 꾸준히 노력한다. 집안의 모든 책임을 혼자 도맡기도 한다. 둘째도 부모로부터 받은 긍정적 역할을 충실하게 이행하는 과정에서 성공을 이룬다.

노력과 성실로 경쟁하는 유형

노력과 성실을 무기로 첫째와의 경쟁에서 이기며 원하는 것을 쟁취하는 유형이다. 이기기 위해 반칙을 하기보다는 스스로 갈고닦은 실력으로 객관적인 인정을 받기를 원하고 이에 성공한다. 또한, 이 유형은 경쟁에 매진하다가도 필요한 경우 타협하는 방법으로 원하는 것을 얻는다. 첫째가 이길 수 없는 상대인지에 대해 빨리 판단하여 협력적인 태도로 전환하는 것이다. 이런 아이들은 자립심이 높은 아이로 자란다.

협력과 타협으로 성공한 유형

경쟁보다는 협력과 타협을 선택하여 더욱 건설적인 방법으로 원하는 것을 얻는 유형이다. 성실하게 매진한 노력은 빛을 발하여 능력 있는 아이로 학교에서 인정받기도 한다. 사회적으로 타인과의 관계에서 공동체의식이 뛰어나 개인적, 사회적 유능함을 발휘해 모든 이에게 환영받는 사람이 되고, 모든 관계에 잘 적응하며 살아가게 된다. 자립심과 협동심, 사회적 관심과 공동체의식이 높은 아이로 자란다.

존재 이유를 만들기 위해 노력하는 유형

삼 형제의 경우, 첫째와 셋째는 가족 내에서 특별한 심리적 위치나 대우가 자동으로 보장된다. 부모에게 부모라는 최초의 선물을 준 첫째 아이, 늦게 태어나 특별한 노력 없이 성취와 특권을 누리는 셋째에 비교하면 둘째는 특별한 존재 이유를 내세우기가 어렵다. 이 유형은 첫째에 대한 부모의 기대를 대신 충족해주려 하거나 말썽꾸러기 동생의 실수를 뒤치다꺼리하며 자신의 존재감을 각인시킨다.

형제자매의 긍정적인 효과

협상하고 공유하는 법을 배운다

방이 넓든 좁든 한 공간을 같이 쓰려면 다른 사람에게 자리를 양보해야 한다. 아이들도 한 집에서, 한 방에서 같이 지내면서 서로 잘 통하는 끈끈한 사이가 된다. 그러면 둘이 협력해서 장난도 치고 예기치 않은 즐거움도 찾을 것이다. 어린 시절 부모의 품을 떠나 가장 안전하게 대인관계를 연습할 대상은 형제다. 자신이 아닌 타인과의 놀이와 사교 경험은 이후 만날 다른 대인관계에서 필요한 사회성을 키워준다. 나누는 방법, 거절하는 방법, 문제를 해결하는 방법, 대처하는 방법, 절충하는 방법, 양보하는 방법 등을 형제간의 경험에서 얻을 수 있다.

아이들 각자에게 존중심을 가르친다

한 공간에서 둘이 같이 지내려면 상대방의 개인적인 일, 비밀, 생활 리듬, 소소한 습관을 존중하는 법을 배워야 한다. 때로는 다툼을 통해서라도 배워야 한다. 또한 자기가 어떻게 하면 존중받을 수 있는지도 배우게 된다.

경쟁하고 싸우고 속마음을 털어놓는 매 순간 형제자매는 자신의 한계를 발견하고 깨지지 않는 동맹관계를 형성해간다. 첫째는 동생이 심하게 다치는 걸 피하고자 동생을 진정시키는 법을 터득한다.

학교생활에 잘 적응한다

첫째는 동생이 학교생활에 잘 적응할 수 있도록 도울 수 있다. 이러한 과정을 거치면서 형제는 친밀감이 깊어지고 동료의식이 생긴다. 서로에게 정서적 지지와 숙제 도와주기, 돈 꿔주기, 서로를 보호하기 등의 직접적인 서비스를 제공하기도 한다. 형제자매는 서로를 다양한 주제의 조언자로서 중요하게 여기기 때문에 부모에게 이야기할 수 없는 주제에 대해 서로 이야기하고 조언해준다.

협력한다

형제들 사이의 애착 정도는 성격 발달에 영향을 미친다. 애착관계가 강한 형제는 더 많이 협력하고, 괴롭히는 사람들에게 언제나 팀으로 맞선다. 그때마다 커지는 끈끈한 형제애가 형제의 힘을 더욱 강하게 키운다. 형제자매들은 밤에 귀신을 쫓아내는 데도 협력한다. 아이들은 하나같이 어둠을 무서워한다. 그런데 형제자매가 같이 있으면 침대 밑에 숨어 있는 괴물들과 벽장 속에 숨어 있는 도둑들을 쫓아낼 때 힘이 강해진다.

다투고 싸워도 관계를 회복할 수 있다

언쟁을 벌이고 사이가 틀어져 완전히 소원해진 형제자매들도 오랜 세월이 흐른 뒤에는 서로 화해할 수 있다. 오랜 시간 반목해온 부모와 자식, 혹은 친구들이 결국 화해하는 것과 같다. 형제자매에게는 서로의 마음에 애착이라는 끈이 존재하기 때문이다. 특히 어린 시절에 형성된 애착은 그 후 어떤 곡절을 겪어도 사라지지 않고 남아 있게 된다. 아무리 무관심하려고 해도, 아무리 격렬히 다투고 싸워도 서로를 그리워하며 관계를 회복하고 싶다는 생각은 늘 있다.

다른 형제를 보호한다

손위 형제가 동생을 보호하는 경우는 부모가 무기력하거나 건강이 나빠 양육을 떠맡는 경우, 부모가 어린 아기의 감독과 보호를 손위 형제에게 위임한 경우, 손위 형제가 부모의 보조자로서 역할을 하는 경우 등이 있다.

대개 손위 남자 형제는 동생을 보호하기보다는 지배하는 경향을 보이고, 손위 여자 형제는 대화와 친절한 반응으로 동생과 상호작용한다.

반항의 심리

 첫째는 부모 및 권위와 일체감을 느끼기 때문에 현 상태를 방어할 가능성이 많지만 둘째는 첫째보다 기성의 질서에 도전할 가능성이 더 크다. 출생 순서의 영향력은 성별, 사회계급, 인종, 국적보다 더 크다고 한다. 아이들은 가족 안에서 발생하는 차별에 아주 민감하다. 불공정한 상황을 감지해내는 심리적 메커니즘은 사회적 환경 속에서 진화해왔다. 둘째가 사회적 급진주의의 경향을 나타내는 이유가 여기에 있다.

 심리학자 프랭크 설로웨이(Frank J. Sulloway)는 1996년 저서 〈타고난 반항아(Born to Rebel)〉에서 출생 순서가 성격에 강력한 영향을 미친다고 주장했다. 첫째는 동생보다 더 성실하고 강박적이며 새로운 경험에 쉽게 마음을 열지 않는데, 출생 순서가 그 요인이라는 것이다. 그러나 많은 학자가 여러 연구를 통해 출생 순서 자체는 성격 형성에 큰 영향을 끼치지 않는다고 밝혔다. 출생 순서에 관련된 차이는 종종 발견되지만 대개 과대평가되었다고 밝혀졌다. 세실 에른스트(Cecile Ernst)와 율레스 앙스트(Jules Angst) 등이 출생 순서와 형제의 수는 한 사람의 성격에 그다지 큰 영향을 미치지 못한다고 했다. 그런데도 출생 순서에 따라 특정 성격이 형성된 것처럼 보이는 건 다음과 같은 이유가 크다.

부모의 자원을 놓고 벌이는 갈등

둘째가 생기면 부모의 자원을 놓고 형제들이 갈등을 벌인다. 이런 갈등은 프로이트의 주장처럼 성적 충동 때문에 일어나는 것이 아니며 성별과도 관련이 없다. 형제들은 부모의 투자를 확보하기 위해 서로 경쟁하고, 부모에게서 얻은 각종의 이익을 극대화하려고 하면서 갈등한다. 둘째의 반항적 행동은 부모와 자식 간의 갈등에서 비롯된다. 부모의 투자를 놓고 벌어지는 형제 갈등으로 인하여 둘째는 급진적 성격을 갖는 것이다.

물론 출생 순서 효과는 가족 경험에 의하여 변할 수 있다. 성별도 영향을 준다. 예를 들어, 첫째로 태어난 딸은 사회적으로 지배적인 성격을 갖는다. 그러나 그녀들은 첫째로 태어난 아들과는 다른 방식으로 이런 특성을 표출한다. 아들이 일반적으로 육체적 공격성을 활용하는 반면, 딸은 말로 자신들의 우위를 주장하는 경향이 있다. 부모와의 갈등은 성격 발달에도 영향을 준다. 둘째보다는 첫째가 부모와의 갈등에 더 큰 영향을 받는다. 둘째는 첫째보다 더 반항적이고 경험에 더 개방적인데, 부모와 자식 간의 갈등이 크면 둘째의 반항적 성향이 증대한다.

형제 수도 영향을 준다. 같은 둘째라도 형제 수가 많은 가정의 둘째는 형제 수가 적은 가정보다 덜 반항적이다. 연령 차도 영향을 주는데, 4~5세 이상의 나이 차는 형제들의 성향을 양극화시킨다. 부모의 사회적 태도도 영향을 미친다. 부모가 자유주의적인 아이들은 자유주의적이고 그리하여 급진적 변화를 지지하는 경향이 있다. 부모가 둘째인 아이들은 급진적 변화를 지지할 가능성이 더 크다.

첫째는 보수주의자이거나 혁명가

첫째는 부모의 사랑을 독차지하기 위해 부모의 관점을 수용한다. 힘의 유지에 신경을 쓰느라 타성에 빠지고, 그래서 보수적 태도를 보이는 경향이 크다. 첫째로 태어난 여성은 사회 개혁을 지지할 때조차도 통상 그들의 활동을 보건이나 사회사업 같은 분야로 제한한다. 첫째는 현 상태에 대한 반란이 아니라 높은 수준의 도덕적 양심에 따라 개혁 행동에 나선다. 첫째로 태어난 여성들은 품위 있는 개혁을 선호했다. 그녀들의 사회적 출신 배경과 어울린다고 생각되는 활동을 했다. 첫째는 계급적 기대에 순응하고 둘째는 이런 기대에 반항하는 경향이 있다. 사회적으로 급진적인 함의를 갖는 이론들을 둘째는 옹호하고, 첫째는 거부하는 경향이 있다. 사회적으로 보수적인 함의를 갖는 이론들은 정반대 경향을 보여준다. 첫째는 보수적인 혁신을 지지하는 경향이 있지만 둘째는 이런 종류의 사상에 가장 격렬하게 반대한다.

첫째가 급진주의에 이르기도 하는데 거기에는 부모와의 갈등이 있다. 네 자녀 가운데 첫째였던 마오쩌둥이 그 좋은 예다. 마오쩌둥의 아버지는 공사장 감독관이었는데 성격이 불같아 마오쩌둥과 동생들을 자주 때렸을 뿐만 아니라 경제적으로나 정서적으로 가족을 돌보지도 않았다. 마오쩌둥은 그런 아버지를 증오했고, 어머니, 동생들과 함께 아버지에 맞섰다.

반항적 성향의 긍정성

둘째들에게 반항적 성향이 있다는 것은 사실이지만 반항적 행동은 구체적 목표를 수반하고, 또 구체적인 사회적·지적 맥락 속에서 발생한다. 적절한 환경만 주어지면 첫째도 현 상태를 거부한다. 혁신은 보수적일 수도, 기술적일 수도, 완고할 수도, 나약할 수도, 급진적일 수도 있다.

과학 분야에서 첫째는 기술적이거나 보수적인 개념적 혁신을 빠르게 지지한다. 둘째는 새로움과 변화에 대한 강한 기호에도 불구하고 일반적으로 보수적 혁신에 저항했다. 그들은 현 상태에 도전하는 급진적 변화에 가장 철저하게 공명한다. 진화론과 같은 혁신이론도 둘째는 첫째보다 더 빨리 받아들였다. 둘째로 태어난 개혁가들과 첫째를 구분해주는 것은 직접적인 이해관계와 무관한 급진적 변화를 지지하려는 의지이다. 그들은 높은 도덕적 양심이나 성취 욕구가 아니라 공감을 바탕으로 개혁의 길에 뛰어든다.

둘째가 왜 반항을 꿈꾸는지를 이해하려면 이들의 출생 순서가 위험 감수나 경험에 대해 개방적인 성향을 띠는 데 영향을 미쳤다는 것을 알아야 한다. 이런 성향은 성별에는 크게 영향받지 않는다. 둘째는 첫째보다 현 상태에 도전하는 일에 더 적극적이기 때문에 흔히 이단적 개혁을 옹호했다. 정치와 종교, 인종관계에서 둘째로 태어난 여성은 대개가 성별과 계급의 장벽을 뛰어넘어 평등주의적 대의를 진척시키려고 노력했다. 반면 첫째로 태어난 여성들은 급진적 개혁을 거부하는 경향을 보였고, 대체로 자신의 개혁 노력을 체제 전복보다는 체계 개선으로 한정했다.

둘째의 자유주의적 사고방식

일반적으로 둘째는 첫째보다 정치적으로 더 자유주의적이다. 첫째와 둘째가 같은 정치적 목표를 공유할 때조차도 그들은 목표를 달성하는 방법과 관련해 종종 서로 다는 견해를 보인다. 첫째로 태어난 급진주의자는 둘째로 태어난 급진주의자보다 더 투쟁적이고 도덕적으로도 융통성이 더 없다. 그들의 급진주의는 사회적 패배자에 대한 동정보다는 이상주의에 의해 추동되는 것이 보통이다. 반면에 둘째의 급진주의는 융통성이 있고 타협의 의지가 상당히 강하다. 둘째는 첫째와 달리 난폭한 힘을 행사할 수 있는 최선의 처지에 있지 못하다. 둘째는 다른 사람과 권력을 공유하려는 경향이 더 강하다.

부모가 둘째보다 첫째를 더 사랑하는 경향이 있다는 것은 분명한 사실이다. 첫째는 나이가 더 많고 생존과 번식의 가능성이 더 높기 때문에 부모의 투자를 호소하는 데서 우위를 차지한다. 둘째는 첫째보다 더 자유주의적이다. 첫째는 둘째보다 더 완고하다. 둘째는 국민에게 호소하는 것을 지지했고, 사형에 반대했으며, 자비를 베풀자고 주장했다. 둘째는 사회개혁가들로서 사형 폐지, 사회주의, 무정부주의, 무신론처럼 가장 인기 없는 대의와 주장들을 지지한다.

경험에 대한 개방성이 높다

둘째는 첫째와는 다른 발달 과제에 직면한다. 그들에게 가장 절박한 문제는, 부모와 자신을 동일시하는 첫째가 이미 소유권을 주장하고 있는 지위를 건드리지 않으면서 동시에 높이 평가되는 가족 내 지위를 찾아내는 것이다. 둘째는 첫째가 아직 우위를 확보하지 않은 분야에서 두각을 나타내려고 한다. 이렇게 해서 둘째는 일반적으로 경험에 대한 개방성을 발달시킨다. 인생에서 새롭고 성공적인 영역을 발견하고자 하는 사람이라면 누구에게나 유용한 전략이다. 둘째는 이런 탐구 경향을 바탕으로 더 커다란 위험을 개방성과 변화를 통해서 극복하려고 한다.

형제의 난을 막는 방법

형에 대한 콤플렉스

터울이 많든 적든 남자아이를 둘 이상 키우기는 결코 쉽지 않다. 유난히 아이들이 순하다면 모를까 형제간의 다툼은 끝이 없다.

〈행복한 왕자〉, 〈윈더미어 부인의 부채〉 등의 작품으로 알려진 작가 오스카 와일드(Oscar Wilde)는 세계적으로 이름을 떨쳤지만 어린 시절 그는 형에 대한 열등감으로 어려움을 겪었다. 엄마는 오스카보다 2년 터울의 형 윌리엄을 더 사랑했다. 게다가 아들은 윌리엄 하나면 충분하다고 생각했다. 딸을 기다렸지만 아들이 태어나자 엄마는 오스카가 다섯 살이 될 때까지 여자아이 옷을 입히기도 했다. 형은 활동적이고 실용적인 일에 관심을 가졌다. 문학과 예술에 빠진 섬세한 오스카와는 양립할 수 없는 기질의 소유자였다. 하지만 오스카의 재능이 뚜렷해지자 엄마의 관심이 윌리엄에서 오스카에게로 급격하게 옮겨갔다. 더욱이 희곡 〈윈더미어 부인의 부채〉로 동생 오스카는 일약 대스타가 되었다. 신문기자였던 윌리엄은 자신의 존재감이 완전히 없어졌다. 강한 질투심을 느낀 윌리엄은 오스카의 작품을 비방하는 기사를 쓰고 더는 같은 영국에 있을 수 없다는 듯 미국으로 건너갔다.

오스카는 일찍이 엄마에게 인정받고 싶어 했다. 그런 일념으로 더욱더 유명해지기 위해 세상이 깜짝 놀랄 만한 일을 끊임없이 벌였다. 선정적인 작품을 쓰고 퇴폐적인 생활을 누리며 온갖 스캔들을 만들어냈다.

동생에게 형은 매우 커다란 존재감으로 다가온다. 특히 터울이 클 경우 가벼운 이야기도 나눌 수 없어 늘 존댓말을 쓰기도 한다. 형이 학업도 뛰어나 명문대학을 졸업하고 대기업에 취직하는 엘리트 코스를 밟는 등 승승장구를 하면 동생은 늘 엄마가 형만 특별대우한다는 느낌을 받는다. 그러나 동생이 예기치 못한 성공을 하는 경우 형은 충격을 받는다. 그때까지 엄마의 사랑을 한 몸에 받았던 형은 흔한 성공에 만족하지 못하고 다른 일을 벌이지만 성공하기는 어렵다. 동생은 형에게 콤플렉스를 가지는 경우가 많지만 그 콤플렉스가 동생을 성장시킨다.

지배하려는 형 vs 반항하는 동생

형제들은 서로 간의 경쟁과 힘겨루기로 인해 단순한 다툼도 주먹다짐으로 번지는 경우가 많다. 툭하면 싸우고, 치열하게 경쟁하며, 심지어는 사이좋게 놀 때도 사고를 친다. 그러나 형제의 이런 성향은 지극히 자연스러운 일이다.

형은 대개 동생을 지배하려 하고 동생보다 우월하다는 것을 늘 확인하고 싶어 한다. 자신의 욕구가 충분히 충족된 다음에야 아량을 베풀어 동생에게 인심을 쓰거나 양보한다. 따라서 동생은 이러한 형에 대해 복종과 반항의 성향을 번갈아 보인다. 형이 잘하는 것은 따라 하며 닮고 싶어 하는 심리도 있지만 형의 약점을 발견한 순간 형을 이기려는 심리도 있다. 그러나 동생이 형을 이기거나 형보다 더 잘하는 게 생기면 형제 사이가 나빠지기 쉽다. 또한, 형이 동생을 힘으로 제압하거나 괴롭힐 경우 형제 사이는 좋아지기 어렵다. 형이라는 이유로 장난감이나 컴퓨터 등 함께 사용해야 하는 것들을 더 많이 차지하려고 하면 동생의 마음속에 적개심이 생긴다.

형과 동생이 있는 집에 가 보면 형이 동생을 대신해 말하는 장면을 심심치 않게 볼 수 있다. 동생에게 "이름이 뭐니?"라고 물어보면, 형은 정작 동생이 입을 열기도 전에 "제 동생 이름은 영수예요. 올해 2학년이고 인형을 좋아해요"라고 말하는 경우가 흔하다. 형은 동생과 끊임없이 경쟁하려고 한다. 동생이 할아버지나 할머니에게 무엇을 만들어 보여주면 첫째는 채 몇 분 안 되어 더 크고 근사한 것을 만들어 온다. 이러한 경쟁으로 둘째는 무력감을 느끼는 동시에 형제에 대한 혐오감을 느끼게 된다.

> **형제 키우는 부모가 피해야 할 말**
> - "네가 형이니까 참아."
> - "동생이니까 형이 시키는 대로 해."
> - "형이니까 두 개 먹고, 동생은 하나만 먹어."
> - "형이니까 그 장난감 동생에게 양보해."
> - "그러니까 형이 너를 때렸지."
> - "너는 형이 되어 동생만도 못하니?"
> - "형의 절반만이라도 따라가 봐."

형제의 놀이

남자아이들은 늘 싸움에 매력을 느낀다. 특히 가짜 부상이나 멜로드라마에 나올 법한 죽음으로 끝나는 전투 놀이에 매혹된다. 엄마는 형제가 총을 가지고 노는 것까지는 어쩔 수 없다고 생각한다. 형제는 상대를 향해 손가락 권총을 겨누며 "죽어라, 빵, 빵!" 하고 외친다. 형제는 쉴 새 없이 소규모 전투와 기습전을 펼친다. 베개와 이불로 요새를 세우고 방어를 위한 전략적 거점으로 활용한다.

형제의 경우 경쟁과 협력을 도모하는 놀이가 좋다. 한창 몸을 움직이기 좋아하므로 활동적인 놀이가 적당한데, 블록 쌓기, 퍼즐 맞추기 등을 하면 규칙이나 규율도 익힐 수 있다. 터울의 차이가 크다면 첫째가 리더가 되어 동생을 이끌 수 있는 놀이도 좋다. 기차놀이나 대장놀이 등이 대표적이다. 경쟁하는 놀이보다는 말타기나 풍선 날리기 등 전신을 움직이는 대근육놀이가 적합하고, 너무 과격한 놀이는 자칫 다칠 수 있으므로 피한다.

2세 이후	**공 주고받기** 형제가 마주 보고, 한 명이 공을 들고 반대편 동생이나 형에게 던져 주고받기 놀이를 한다.	**기차놀이** 기다란 노끈의 양끝을 묶어 동그라미를 만든 뒤 〈기차놀이〉 노래를 부르며 형과 동생이 함께 줄을 잡고 천천히 움직이며 반환 지점을 돌아온다.	**이불썰매 타기** 이불을 깔고 동생을 눕힌 다음, 형이 이불 끝을 잡고 끌면서 이불 썰매를 태워준다.
3세 이후	**머리 위 접시 올리기** 형제 둘을 마주 보게 세운 뒤 머리 위에 종이접시를 각각 올린다. 머리 위에서 종이접시가 떨어지면 지는 놀이다.	**물총놀이** 욕실 안에 물을 채우고 물총놀이를 즐겨보자. 물총에 맹물을 채워도 좋고, 색색의 물감을 푼 물을 넣으면 더욱 효과적이다.	**동물 흉내 내기** 형이 사자나 코끼리 등 한 가지 동물을 정해 동생 앞에서 동물 흉내를 내보게 한다. 형이 설명을 충분히 해 동생이 정답을 맞히면 둘 다 칭찬해주고 격려하자.
6세 이후	**과녁 맞추기** A4 용지에 과녁을 그리고 중앙이 가장 높은 점수로 하여 '5, 4, 3' 등 점수를 표시한다. 이것을 바닥에 붙인 다음 콩주머니를 던져 맞히는 부분의 점수를 합산하여 승부를 가린다.		

● 형제의 팀워크를 키워주자

형제가 서로를 좋아한다는 것만 알게 해주어도 애정이나 존중감이 높아진다. 과제를 줄 때 누가 먼저 하는가에 초점을 맞추지 말고 힘을 합쳐 얼마나 빨리하는지가 중요한 과제를 주어라. 형제의 협동이 성공을 만들었다는 경험을 몸으로 체험하도록 하라.

● 비교하지 말자

직접 비교하는 말을 하는 것은 아이들의 자존감을 낮추고 서로를 경쟁상대로 만들어 우애 관계를 망친다. 특히 남자아이들의 경우, 서로가 있는 자리에서 한 아이를 칭찬하거나 인정하는 태도를 보이면 형제 사이에 경쟁심이 생겨 사이가 나빠질 수 있으므로 주의하여야 한다. 형을 앞에 두고 동생을 두둔하거나 동생이 있는 자리에서 형만 칭찬하지 않도록 주의하자.

● 몸싸움할 때는 반드시 개입하자

몸싸움할 때는 누가 먼저 왜 그랬는지 등에 대해 잘잘못을 가리기보다 일단 몸싸움 자체를 중지시키는 것이 중요하다. 어떤 경우에도 폭력은 안 된다는 것을 어려서부터 분명히 인식시켜야 한다. 폭력은 습관이 되기 때문이다.

● 흥분한 상태라면 아이들을 타임아웃 시키자

서로 치고 박고 싸우기 일보 직전으로 흥분한 상태라면 일단 서로 다른 곳에 떼어놓는다. 형은 안방에, 동생은 다른 방에 있게 하고 어느 정도의 시간 동안 나오지 못하게 한다. 남자아이들은 단순하고 지루한 걸 참지 못하기 때문에 서로 안 보면 금세 관계가 회복된다.

● 각자 고유한 장점과 차이점을 키워주자

형제간에 구별되는 다른 특기나 취미를 인정하고 지지해주어 각자 자신의 재능이 있음을 인정하도록 도와주자. 이는 자신의 욕구나 능력과는 상관없이 불필요한 경쟁 구도 속으로 아이들을 밀어넣거나 부모의 인정을 받기 위해 싸우는 전쟁터를 만들지 않게 할 것이다.

● **우애 있는 행동을 놓치지 않고 칭찬해주자**

싸웠으나 서로 화해하는 모습, 나누어 갖는 모습, 협동하는 모습 등 바람직한 형제간의 태도와 행동을 하였을 때 부모는 즉각적인 반응을 해줄 필요가 있다. 이런 긍정적인 피드백은 아이들의 긍정적 행동의 양을 늘려줄 것이다.

남매 콤플렉스

브라더 콤플렉스 vs 시스터 콤플렉스

　남매 사이의 무의식적인 속박을 일컬어 브라더 콤플렉스 혹은 시스터 콤플렉스라 한다. 브라더 콤플렉스는 일반적으로 여동생이 오빠에게 혹은 누나가 남동생에게 품는 감정적 속박을 말하며, 시스터 콤플렉스는 남동생이 누나에게 혹은 오빠가 여동생에 대해 품는 감정적 속박을 말한다.

　브라더 콤플렉스를 가진 여동생은 오빠에게 애인이나 결혼 상대가 생기면 때때로 울적해지거나 불안정해진다. 그런가 하면 그 여자를 질투하는 동시에 오빠의 사랑을 얻어낼 존재로 이상화하는 이중적인 감정을 품기도 한다. 외양적인 아름다움이나 뛰어난 재능을 지닌 누나는 시스터 콤플렉스를 가진 동생의 뇌리에 이상적인 존재로 각인되곤 한다. 그 후 누나가 행복한 삶을 살면 남동생의 동경심은 남몰래 지속되는데, 누나가 불행하고 비참한 모습을 보이면 누나를 향한 마음에 더욱 강하게 이끌리기 쉽다.

브라더 콤플렉스

남자의 경우에는 누나에게도 여동생에게도 강한 동경심을 가지지만 여자의 경우에는 남동생보다 오빠를 향한 감정이 압도적으로 크다. 철학자 니체(F. W. Nietzsche)에게는 엘리자베트라는 여동생이 있었다. 엘리자베트에게 오빠는 영웅이자 동경의 대상이었다. 무엇보다 오빠는 명문대학 프로프타에 수업료 면제라는 특전을 받고 입학한 수재였다. 게다가 성적도 수석에, 시도 쓰고 작곡까지 했다. 니체는 화려한 활동을 펼치며 24세의 젊은 나이에 대학교수에 발탁되는 이례적인 출세도 이루어냈다. 엘리자베트도 오빠만큼은 아니지만 총명하고 공부도 잘했다. 오빠에게는 없는 쾌활하고 밝은 성격도 갖추고 있었던 엘리자베트는 오빠의 활약을 자기 일보다 더 자랑스럽게 생각했다. 오빠가 쓴 글은 아무리 단편적인 것이라도 전부 수집했다. 니체가 세상을 떠난 후에도 방대한 원고가 소실되지 않고 후대에 남겨질 수 있었던 것은 그녀의 노력 덕분이었다.

시스터 콤플렉스

화가 파블로 피카소(Pablo Picasso)는 첫째로 태어났지만 세 살 때 여동생이 태어나면서 부모의 애정을 독점하지 못하게 되었다. 그는 혼란을 겪고 아빠에게 집착했다. 늘 아빠 곁에 붙어 있었고 학교에도 아빠와 함께 가려고만 했다. 화가이자 미술관장이었던 아빠는 아들 곁에서 그림을 가르쳤다. 그러나 피카소는 엄마의 관심을 빼앗겼다는 마음의 상처를 치유하지 못했다. 그가 훗날 숱한 여성과 염문을 뿌린 것은 채워지지 않은 애정과 관심에 대한 욕구 때문이었다.

남매의 경우 첫째가 남자인지, 여자인지에 따라 아이의 성향도 육아법도 달라진다. 오빠는 여동생에 대한 신체적인 우월함을 느끼므로 여동생의 존재에 대해 별로 위협을 느끼지 않는다. 자신이 우월감을 느끼는 만큼 여동생의 복종을 기대하고, 여동생이 이에 상응하지 않을 때 공격적인 모습을 보이기 쉽다. 여동생은 오빠에 대해서 피해의식을 갖기 쉽고, 힘으로 오빠에게 대항할 수 없으므로 약을 올리거나 비꼬는 식의 말로 공격하기도 한다. 애교를 부려 부모의 동정을 얻거나 거짓 연기를 하는 등 꾀를 부려 부모를 자기편으로 만들려 노력한다.

반대로 첫째가 여자인 경우, 엄마와 자신을 동일시하는 심리가 강해 남동생을 보살피려는 경향이 있다. 그러나 때로는 누나도 남동생을 지배하거나 통제하려는 욕구를 강하게 표출한다. 터울의 차이가 클수록 동생은 누나에게 의존적인 성향을 보인다. 그러나 터울이 별로 없는 경우 남동생은 누나가 자신보다 힘이 약한 존재임을 알고 신체적으로 도전하기도 한다.

오빠와 여동생

첫째였던 미국 대통령, 버락 오바마(Barack Obama)에게는 그보다 아홉 살 어린 여동생 마야가 있었다. 마야는 엄마가 버락의 아빠와 이혼하고 인도네시아의 사업가와 재혼했을 때 생긴 아이로 버락과 아빠가 다른 동생이었다. 한 가지 다행인 점은 동생이 태어났을 때 이미 그가 아홉 살이 되었다는 것이다. 그래서 오바마는 어느 시기까지 엄마의 애정을 독점할 수 있었다. 인도네시아에 가서도 엄마는 매일 아침 일찍 일어나 아들 곁에서 영어를 가르쳤다. 경제적으로는 그다지 여유롭지 않았지만 높은 교육열을 보이며 아들에게 최고의 교육을 받게 했다.

형제관계에서 볼 때 여동생을 둔 오빠가 괴로움 정도가 더 심각하다. 일반적인 가정 분위기에서 아들이기 때문에 가족의 사랑과 관심을 독차지할 수 있었던 오빠라면 가족의 사랑과 관심이 클수록 사랑의 박탈감 또한 더 크게 느껴진다. 대체로 여동생을 볼 나이에 이르면 오빠는 미운 짓을 하는 나이가 된다. 오빠는 행동이 거칠고 부잡스러워 사고가 잦고, 고집이 세져서 부모를 피곤하게 한다. 자연히 오빠를 나무라는 일이 늘어난다. 그러던 차에 여동생이 태어나면 부모는 새로 태어난 아기가 더 예뻐 보인다. 특히 아빠의 경우에는 딸을 더 귀여워한다. 오빠는 여동생이 못된 짓을 해도 씩씩거리기만 한다. 반대로 엄격한 부모는 오빠와 여동생이 싸우는 걸 절대로 용납하지 않는다. 오빠가 여동생을 짓궂게 놀리고 횡포를 부려도 부모는 오빠니까 무조건 사랑해야 한다고 말하기도 한다.

♥ 둘째의 입장:

일반적으로 아들을 기를 때와 달리 딸을 기르는 재미가 더 각별하다. 어쩌다 형제 사이에 시비가 붙으면 부모의 사랑은 흔히 내리사랑이어서, 미운 짓이 늘어나는 오빠보다 어리고 예쁜 여동생에게 관대하다. 게다가 부모들은 오빠에게는 어른스러운 행동을 하도록 강요하지만 여동생은 나이보다 어리게 보고 어리광을 부려도 너그럽게 이해한다.

여동생은 자신의 여성성을 지키며 성장할 수도 있지만 오빠의 문화에 길들여질 수도 있다. 그래서 가끔은 매우 여성스럽게, 가끔은 매우 남성스러운 특성을 보인다. 특히 오빠들 속에서 자란 여자아이는 '선머슴'이라 불릴 정도로 남성성이 강한 여자로 성장하거나 반대로 오빠들로부터 보호와 특혜를 받으며 매우 여성적인 사람으로 성장하기도 한다.

누나와 남동생

힐러리 클린턴(Hillary R. Clinton)은 하버드 로스쿨을 거쳐 예일 스쿨에 진학하고, 그 후에도 변호사로 활약하여 퍼스트레이디로 가는 계단을 차근차근 밟아갔다. 그런 누나의 눈부신 활약에 반해 남동생

토니는 여러 직업을 전전했고, 경력도 어정쩡했다. 매형이 백악관의 주인이 되자 그 덕을 입어 그럴듯한 지위에 올랐지만 성격이나 기질이 쉽게 바뀔 리 없었다. 토니는 힐러리 부부의 얼굴에 먹칠하는 스캔들, 금전 문제, 폭력에 휘말리며 세상에 알려졌다. 참으로 한심한 동생이라고 할 수 있다. 그러나 동생의 처지에서 보면 얘기가 다르다. 그의 타락은 너무도 뛰어난 누나를 둔 비극의 결과일 수 있다.

누나는 어렸을 때 순해서 혼자서도 잘 지내는 경우가 많다. 예전의 부모는 그냥 아이를 먹이고 입히고 씻기면 다 되는 줄 알고 다른 것을 해줄 여력도 없었다. 이후 남동생을 낳아 키워보니 누나를 너무 혼자 두었던 것 같아 후회하지만 어린 남동생을 키우다 보면 누나에게 신경을 쓰기 어렵다. 일반적으로 누나는 집안일을 도와주고 남동생까지 챙기는 경우가 많다. 그러나 누나도 엄마와 남동생이 함께 있을 때 자신도 함께하려고 시도하거나 괜히 삐치는 모습을 보일 수 있다. 부모의 차별에 위축이 되면 어린 남동생에게도 제대로 대응 못 하고 툭하면 엄마에게 쪼르르 달려오는 모습을 보이기도 한다.

♥ 둘째의 입장:
남동생은 자신을 챙겨주는 누나 덕에 편하게 지내며 한없이 유약해질 수 있다. 누나를 둔 남자아이는 여성적 환경의 영향을 많이 받는다. 아빠가 상대적으로 집에 있는 시간이 적고 엄마나 누나와 시간을 많이 가지다 보니 여성적 문화를 많이 접할 수밖에 없다. 남동생은 자신이 그들과 다르다는 걸 보여주기 위해, 내 성별이 더 우월하다는 걸 보여주기 위해 긴장하고 맞서 싸우기도 한다. 그런데도 아빠와의 지내는 시간이 적은 남동생의 경우 여성적 성향을 띠는 경우가 많다. 반대로 자신의 남성성을 강하게 돋보이려고 극단적일 정도로 강한 모습을 보이려 하는 경향이 있다.

남매 키우는 부모가 피해야 할 말
- "너는 여자니까 참아라."
- "너는 남자니까 그러지 마."
- "엄마 없을 때는 누나가 엄마야."
- "오빠 말을 잘 들어야 오빠가 때리지 않지."

남매의 놀이

연령은 비슷한데 성별이 서로 다르다 보면 놀이할 때 다툼이 일어나기 쉽다. 서로의 영역을 각각 정해 서로 간섭하거나 침범하지 않도록 하여야 한다. 게임을 하더라도 경쟁하는 것보다도 협력하는 게임을 택하는 게 좋다. 터울이 큰 경우 첫째가 남자라면 약한 여동생을 보살피며 다치지 않게 보호해주는 듬직한 보호자, 누나라면 엄마처럼 동생을 보살피는 존재로 여길 수 있는 놀이가 좋다. 성별이 다른 데다 연령 차이가 크기 때문에 처음부터 끝까지 함께하는 놀이보다는 동생을 놀이에 일정 부분 참여시키는 것이 효과적이다.

2세 이후	**신문지를 찢어라** 신문지를 마음껏 구기게 한 다음 펴기를 두세 번 반복한다. 남매끼리 신문지를 자세히 살펴보며 어떤 그림이 숨어 있는지, 좋아하는 글자가 있는지 이야기해본다.		
3세 이후	**국자놀이** 아이들에게 국자를 주고 그 위에 공을 하나 올린다. 공을 떨어뜨리지 않고 계속해서 옮기게 한다. 몸을 움직이거나 공을 전달하다가 떨어뜨리는 사람이 지는 게임이다.	**그대로 멈춰라** 〈그대로 멈춰라〉 노래를 부르며 즐겁게 춤을 추다가 다양한 동물 흉내를 내본다. 바닥에 있는 곰, 호랑이 등 낱말카드의 위치에서 '그대로 멈춰라'를 한다.	**그림 완성하기** 도화지에 아빠 얼굴을 그리고 반쯤은 동생이 색칠하고 나머지 부분은 첫째가 색칠해 완성하도록 한다. 완성된 그림을 벽에 붙이고 두 아이의 이름을 써넣는다.
4세 이후	**블록 쌓기** 가위바위보를 해서 이긴 사람이 먼저 블록을 쌓고 진 사람이 이어서 블록을 쌓아나가는 놀이다.	**고기잡이** 물고기 모양과 이름이 있는 낱말카드를 만든 다음 한쪽 면에 셀로판테이프로 클립을 붙인다. 나뭇젓가락 끝에 실을 묶어 자석을 매달고 고기를 잡는다.	
5세 이후	**점토로 얼굴 빚기** 상대방의 얼굴을 보고 관찰한 뒤 점토로 서로의 얼굴을 빚어보게 한다. 단추나 색종이 등으로 얼굴을 자유롭게 꾸민 다음 서로의 느낌을 이야기해본다.		

● 남자아이의 폭력에 주의한다
오빠가 여동생을 대할 때는 힘보다는 칭찬, 채찍보다는 당근으로 다루는 것이 효과적이라는 것을 알려준다. 반대로 누나를 힘으로 윽박지르는 남동생에게는 어떤 경우라도 폭력은 옳지 않다는 것을 가르치고 누나와의 서열을 강조해 절대 누나를 때리지 못하게 가르쳐야 한다.

● 한쪽이 소외되지 않게 신경 쓴다
남자아이와 여자아이는 좋아하는 놀이가 서로 다르기 때문에 남매끼리 노는 것보다는 동성의 또래 친구들과 노는 것을 더 좋아한다. 이때는 남매가 공유할 수 있는 놀이를 하도록 유도하고, 오빠나 누나가 또래 친구들과 놀 때는 엄마가 동생의 친구가 되어 주자.

● 부모는 중립적인 태도를 고수한다
한쪽에 쏠린 부모의 관심과 편애는 남매 싸움의 이유가 된다. 남동생은 누나와 비교 대상이 되어 주눅이 들기도 하고, 오빠는 여동생에게 심통을 부리는 경우도 생긴다. 부모는 남매를 둘 다 똑같이 사랑한다는 점을 강조하고 자주 표현해주는 것이 좋다.

● 조부모의 성차별은 싸움을 부추긴다
부모는 아이들을 똑같이 대하는데 조부모가 남매를 차별하는 경우가 있다. 특히 첫째가 여자인 경우 더욱 이런 일이 흔한데, 이때 누나는 남동생에 대해 피해의식과 분노를 느껴 엄마 이상으로 남동생에 대해 과도한 지배 욕구를 보일 수 있으므로 성차별을 하지 않도록 한다.

● 즉각적, 직접적 개입을 하지 않는다
남매가 싸우면 부모의 마음은 싸우는 아이들에게 당장 달려가서 호통을 치며 말리고 싶어진다. 하지만 싸움이 아이들의 삶에 도움이 되게 하려면 기다리고 지켜보며 방법을 찾자. 아이들의 싸움에 부모가 개입할수록 경쟁이 더 치열해진다.

● **공정하게 해결하는 기술을 가르친다**
스스로 터득하는 것도 중요하고 부모가 준 팁으로 더 좋은 방법을 찾아내는 것도 필요하다. 아이들이 오랫동안 갈등 해결 방법을 찾지 못하고 있거나 혼란스러워한다면 방법을 제시할 수 있다. 아이가 다쳤거나, 물건을 부수거나 문제가 커져 해결이 어려우면 부모가 개입하자.

자매의 질투

여자아이들이 상대적으로 조용하고 덜 폭력적이다 보니 형제보다 수월한 것처럼 보이지만 자매 키우기 역시 결코 만만한 일이 아니다. 형제처럼 폭력적으로 싸우거나 온 집을 휘저으며 노는 일은 적지만 시샘과 질투는 더 많다. 자매의 질투는 남자 형제에서 보이는 경쟁의식이나 열등감에서 비롯된 것은 아니다. 자매들은 오히려 많은 것을 바라지 않고 작은 행복에 만족하는 편이다. 그리고 야심이나 명예욕 없이 현실의 상황이나 요구에 따라 부지런히 일하는 과정에서 나타난다. 그리고 그 질투심은 자매가 성공의 기초를 쌓는 데 도움이 되는 경우가 많다.

우월하다고 생각하는 언니 vs 빼앗으려는 동생

자매는 평소 형제나 남매보다 사이가 좋은 경우가 많다. 하지만 자매의 질투심은 부모의 차별 때문에 부정적인 양상을 띤다. 차별을 당한다고 믿는 언니는, 동생은 자기 내키는 대로 해도 인정받고 사랑받는데 자신은 왜 그렇지 못한지에 대한 적대감이 있다. 그리고 자책한다. '내가 무슨 나쁜 짓이라도 한 걸까?' 엄마는 동생이 한 것이라면 아무것도 아닌 일조차 엄청난 일인 양 자랑스럽게 이야기하면서 언니인 자신의 희생에 대해서는 말 한마디 하지 않는다고 생각할 수 있다. 언니는 결국 엄마가 예뻐하는 것은 동생뿐이라는 결론을 내린다. 그런 상황에서 동생을 진심으로 사랑하기는 어렵다.

자매에 대한 부모의 차별에는 애착의 차이가 자리하고 있다. 자매는 부모의 상황에 따라 보살핌을 받지 못한 아이가 있는가 하면, 부모의 보살핌을 충분하게 받은 아이가 있다. 애착관계는 돌보고 보살핌을 받는 가운데 형성된다. 실제로 자신을 낳아준 부모라도 직접적인 보살핌을 받을 기회가 없으면 애착관계는 형성되기 어렵다.

언니는 동생을 보살펴주는 동시에 자신보다 못하다는 것을 확인하려는 심리가 있다. 반면에 동생은 언니를 닮고 싶어 하지만 언니보다 더 예뻐지려고 하거나 언니의 물건을 빼앗고 싶어 한다. 자매는 부모를 비롯해 주변 사람들의 관심을 받기 위해 경쟁적으로 애교를 부리는 경향이 있는데 특히 동생이 언니보다 귀여움을 독차지할 경우 자매 사이가 나빠지기 쉽다. 언니는 마음의 상처를 받고 동생을 질투해 미워하게 되기 때문이다. 또 자매는 부모를 내 편으로 만들기 위해 상대방의 약점을 고자질하기도 한다.

"엄마, 수빈이 좀 봐요. 벌써 발레 슈즈를 신었어요. 발레 수업은 오후에 있는데요."

자매 키우는 부모가 피해야 할 말
- "네가 언니니까 동생한테 양보해."
- "너는 동생이니까 언니가 시키는 대로 해."
- "그러니까 언니가 자꾸 너를 놀리지."
- "너는 언니가 되어 동생만도 못하니?"
- "언니는 참 예쁜데 너는 왜 그러니?"

자매의 놀이

터울이 적은 자매는 질투가 많다. 인형놀이 등을 하면 여지없이 싸우게 되는데 이는 질투심이 많기 때문이다. 그런데도 터울이 적은 자매에게는 인형놀이나 소꿉놀이 등 역할놀이가 제격이다. 공, 비닐봉지 등을 이용해 신체 균형을 잡는 놀이나 줄넘기, 고무줄놀이도 즐겁다. 여자아이들은 동생을 돌보는 데 남자아이보다 익숙한 편이다. 동생에게 그림 그리기나 오리기 등을 직접 가르치는 선생님놀이, 집안일놀이 등이 자매가 자주 하는 놀이다. 소꿉놀이 장난감을 이용해 쇼핑놀이를 하거나 동생 머리 빗겨주기 같은 미용실놀이도 즐겁다. 언니가 하는 모습을 보면서 동생이 따라 할 수 있도록 도와주고, 동생을 잘 돌봤다면 충분히 칭찬해주자.

2세 이후

동물에게 먹이 주기
폼폼을 잔뜩 준비한 다음 가벼운 용기에 동물 모양 가면을 만들어 붙인다. 그런 다음 자매가 번갈아가며 동물 가면 입 안으로 폼폼을 넣는 놀이를 해보자. 동물에게 서로 밥을 먹여주며 키우는 과정에서 서로를 돌보는 연습을 할 수 있다.

3세 이후

같은 색의 그릇을 찾아라
여자아이들이 좋아하는 소꿉놀이 장난감을 준비한 뒤 각각 그릇의 색깔을 살펴보고 어떤 색인지 말해보게 한다. 그 다음 색깔별로 분류하도록 하자.

선생님놀이
동물 그림 카드를 만든 다음 언니가 선생님이 되어 "토끼는 어떻게 뛸까?", "개구리는 어떻게 울지?"라고 물어본다. 동생이 '깡충깡충', '개굴개굴'이라고 답하면 칭찬해준다.

상점놀이
잡지나 전단지의 음식 사진을 오려내 일회용 종이 접시에 붙인다. 언니가 상점 주인이 되어 동생에게 음식을 판매하는 놀이를 해보자.

4세 이후

줄넘기놀이
줄넘기를 준비해 '하나, 둘, 셋' 숫자를 세며 줄을 넘을 수 있게 한다. 뛰어 넘는 숫자가 많은 사람이 이기는 게임이다.

미용실놀이
집에 있는 머리끈과 빗을 이용해 미용실놀이를 하자. 첫째가 동생의 머리를 빗겨준 다음 예쁜 리본이나 머리끈으로 장식할 수 있도록 도와준다.

의사놀이
의사놀이 장난감을 준비해 각 의료기의 명칭과 쓰임새를 알아본 뒤 아이들에게 직접 설명해주자. 첫째가 장난감 청진기를 귀에 걸고 동생을 직접 진찰해보게 하자.

5세 이후

병원놀이
우유 팩의 입구를 눌러서 정육면체를 만들고 각 면에 의료기 그림을 붙인다. 우유 팩을 던져서 나오는 그림을 병원놀이 장난감 중에서 찾아내자.

● 둘의 처지를 이해하자

엄마를 독차지하고 싶은 마음을 이해해주면서, 큰애에겐 "네 마음도 이해한다. 동생이 많이 얄밉지?", 둘째에게도 "네 마음도 이해한다. 항상 언니에게 밀리니까 속상하지?"라고 양쪽을 다 맞춰주는 것이 좋다. 물론 이해만 해줄 뿐 어떤 행동을 할 필요는 없다.

● 아이의 감정과 욕구를 읽어주되 스스로 해결하게 하라

예를 들어 언니가 비눗방울놀이를 하는데 동생이 자기가 하겠다고 빼앗으면 이렇게 말하자. "윤진아, 언니가 거품 만드는 걸 보니까 너도 하고 싶구나? 하지만 다른 사람이 하는 걸 빼앗으면 안 돼. 대신 언니한테 너도 하고 싶다고 말해보렴" 하면서 스스로 하게 하라.

● 각자의 장점을 칭찬하자

질투가 많은 자매에게 한 아이만 칭찬하거나 야단치는 태도는 금물이다. 두 아이를 공평하게 대하고 자매가 함께 있을 때는 한 아이가 잘했더라도 두 아이 모두 똑같이 칭찬해야 한다. "언니는 그림을 잘 그리고, 동생은 노래를 잘 부르네"라는 식으로 아이의 장점에 주목하자.

● 고자질과 험담은 못 들은 척하자

둘 중 한 아이가 잘못해 야단쳐야 할 경우에는 서로 없는 자리에서 혼내는 편이 좋다. 부모를 자신의 편으로 만들기 위해 고자질을 한 경우에는 한쪽 아이 말만 믿고 다른 아이를 혼내는 등 즉각적인 반응은 금물이다. 고자질이나 험담을 하면 못 들은 척 무시하는 게 상책이다.

● 가능하면 같은 물건을 두 개 사자

자매의 경우 언니의 옷이나 물건을 동생이 물려받는 경우가 흔하다. 여동생은 어릴 때는 언니 것을 물려받는 것에 기쁨을 느끼지만 어느 정도 크면 '새것', '예쁜 것'의 개념이 생기면서 언니와 다투는 일이 많아진다. 고가의 물건이 아니라면 똑같은 물건을 두 개 사서 나눠주자.

● **언니가 동생을 가르쳐라**

여자는 귀납적 교수법을 주로 사용하기 때문에 언니가 형보다는 교사로서 더 효율적인 측면이 있었다. 또한, 손아래 형제들의 경우 오빠나 형에게 배우기보다는 언니나 누나와 같이 여자 형제로부터 배우기를 원하는 경향이 있다. 연령 차가 적으면 교수 효과가 더 크다.

세 자녀 키우기

　세 아이를 키운다는 것은 쉽지 않다. 그렇지만 부모는 옹기종기 밥 먹는 모습만 봐도 배가 부르고, 저희끼리 서로 챙기는 모습을 볼 때면 가슴이 뭉클해진다.

첫째와 막내 사이에 있는 둘째

　세 자녀 중 둘째 아이는 사실 부당한 대우를 받는 경우가 많다. 첫째에게 치이고 막내에게 치받히기 때문이다. 하지만 둘째는 특수한 위치 덕분에 특별한 능력과 관점을 배울 수 있다. 심리학자 아들러에 의하면 둘째 아이는 첫째와 막내 사이에서 자신을 돋보이게 하려고 노력함으로써 창의성과 유연한 성격을 갖춘다고 한다. 둘째는 느긋할 뿐만 아니라 독립적이고 뛰어난 외교적 수완을 지니고 있어서 다른 형제자매에 비교해 더 균형감 있고 온화한 성격을 갖추게 된다는 것이다.

세 자녀 중 둘째 아이는 탁월한 대인관계 기술을 갖추고 뛰어난 협상가가 될 가능성이 높다. 더불어 갈등을 싫어하기 때문에 가정 안에서 '외교관' 역할을 하며 갈등을 완화한다. 또한, 세 자녀 중 둘째는 평화를 유지하기 위해 자신의 것을 다른 형제에게 양보하기도 한다. 하지만 이는 아이에게 스트레스로 작용할 수 있으므로 불공평한 일이 일어나지 않도록 부모는 주의를 기울여야 한다.

삼 형제

삼 형제 중 첫째는 자신이 왕인 것처럼 말하고 행동하기 쉽다. 실제로 힘이나 여러 가지 능력에서 가장 우월하기 때문에 동생들을 지배하려고 든다. 일반적으로 막냇동생은 귀여워하며 너그럽게 대하면서도 심부름꾼으로 부리려는 반면, 바로 밑의 둘째는 늘 견제하며 엄격하게 대하는 태도를 보인다. 막내는 큰형과 작은형의 눈치를 둘 다 보면서 때로는 첫째 편에 서기도 하고, 때로는 둘째 편에 서기도 한다. 그러나 자신이 가장 약한 존재라는 사실이 분명하기에 위축된 모습을 보일 수도 있다. 반면 둘째는 첫째와 셋째 사이에 끼어 있어 때로는 형처럼 행동하려 하고 때로는 동생처럼 어리게 행동하려는 경향을 동시에 보인다. 그러나 형처럼 권위가 있거나 동생처럼 귀여움의 대상이 아니라는 생각에 눈치를 보기도 한다. 막내와 연합해 형에게 맞서기도 하고, 형과 연합해 막내를 확실하게 지배하기도 한다.

부모의 가장 큰 숙제는 골고루 사이가 좋아지도록 하는 것이다. 그러기 위해서는 덜 친해 보이는 두 명을 자주 어울리게끔 기회를 만들어줘야 한다. 첫째가 독점적으로 형제 사이를 지배하는 것을 막기 위해 첫째 아이에게 부모와 같은 위치가 아니라 형제끼리 기본적으로 동등한 사이라는 점을 강조하자. 둘째는 형과 동생 사이에서 부모에게 소외된 느낌을 받지 않도록 신경 써야 한다. 아무래도 남자아이들이라 몸놀이를 좋아한다. 활동적인 성향 때문에 집 안에서는 통제가 안 될 때가 많다. 그래서 아빠가 퇴근하고 집에 돌아오면 아이들을 데리고 밖으로 나가 노는 것이 좋다. 가까운 동네 놀이터나 공원에서 1시간만 신나게 놀아도 아이들이 넘치는 에너지를 마음껏 풀 수 있다. 아이들은 충분히 뛰게 되면 집에 오면 차분해진다.

삼 남매

성별과 출생 순서가 복합적으로 작용하기 때문에 집안마다 차이가 크다. 그러나 일반적으로 동성 두 명이 다른 이성 한 명보다 친하게 지내면서 연합을 이루며 나머지 한 명은 소외감을 느껴 사이가 멀어질 수 있다. 첫째와 둘째가 아들이나 딸인 경우 더욱 그러한 경향이 크다.

이때 부모는 성별의 차이를 강조하는 일을 줄이고 아이들이 편을 먹고 한 아이를 배척하는 상황이 생기지 않도록 신경을 써야 한다. 아이가 크게 상처받을 수 있으므로 한 아이만 빠뜨린 채 가족이 즐겁게 시간을 보내는 상황을 만들지 않도록 주의하자.

세 자매

여자아이들은 손이 덜 가고 부모의 말을 잘 따르는 경우가 많다. 특히 나이가 비슷한 경우에는 자매가 친구처럼 지낸다. 자매들은 서로의 도움이 필요할 때면 똘똘 뭉치는 경우가 많다. 치열하게 싸우다가도 어떨 때 보면 엄마를 따돌리며 돈독한 애정을 과시하기도 한다. 아빠에 대한 애정 공세도 많아 퇴근 후 아빠가 집에 돌아왔을 때 엄마와 세 자매가 우르르 나와 반길 때면 하루의 피로가 풀리고 아빠로서의 보람을 느낄 때가 많다.

아빠는 집안의 청일점이다. 그래서 아빠가 불편하거나 주의해야 할 것도 있다. 아빠는 옷을 갈아입거나 샤워할 때, 화장실에 갈 때 등 아이들 눈치를 살피게 된다. 볼일을 본 뒤 변기 커버를 반드시 내리는 등 세심한 배려가 필요하다. 또한 호기심 많은 아이는 자신과 성이 다른 아빠에 대한 궁금증이 많으므로 아이에게 이런 차이에 대해 차근차근 설명하는 시간이 필요하다.

다르다는 것 인정하기

세 자녀를 키우다 보면 한 핏줄이라 비슷한 점도 있겠지만 다른 면이 더 많다. 성격부터 먹는 것, 잠버릇에 이르기까지 하나부터 열까지 참 많이 다르다. 한 아이는 채소를 싫어하고, 또 한 아이는 채소만 먹으려고 한다. 수유하는 습관도 제각각이다. 기질이나 심성도 다르다.

같은 배에서 난 자식이어서 유전자는 비슷할 텐데 왜 이리 다른 걸까? 핵심은 출생 순서에 있다. 부모의 사랑과 관심, 그리고 상호작용, 형제자매들 간에 부모의 사랑을 차지하기 위한 경쟁과 질투가 다른 환경적 요인이 되는 것이다. 첫째가 동생이 혼나고 있으면 약간 쌤통이라는 듯 바라보더라도, 동생은 형이 벌을 서고 있으면 자기도 옆에 가서 같이 손들고 서서 형을 위로할 수 있다.

부모는 이렇게 아이들이 저마다 기질이나 행동방식이 다르다는 사실을 인정하여야 육아가 쉬워진다. 첫째 아이를 키울 때는 육아책에 있는 대로, 엄마가 원하는 대로 아이가 안 따라주면 그게 힘들다. 그러나 부모가 서로의 다름을 인정하면 육아에 대한 욕심이 줄어든다. '얘가 왜 이러지?'가 아니라 '얘는 이렇구나'가 된다.

마음 내려놓기

세 자녀를 키우는 일은 처음에는 정신이 하나 없을 정도로 힘들다. 엄마가 아이 셋을 혼자 봐야 하는 상황이라면 과연 육아를 계속할 수 있을까 싶은 생각이 들 수도 있다.

그러나 막상 세 자녀를 키워보면 그런 기우는 서서히 사라진다. 몇 달만 지나면 마음이 편안해진다. 둘째를 키울 때만 하더라도 애들한테 "이렇게 해라, 저렇게 해라" 가르치고 훈계하지만 자녀가 셋이 되면 어차피 아이들 요구를 다 들어줄 수도 없는 데다 엄마 혼자 애태운다고 뜻대로 되는 건 별로 없다는 사실을 깨닫게 된다. 따라서 부모가 주도하기보다는 "그렇구나. 그래서 힘들구나" 하면서 아이들 말을 많이 들어주고 공감하면서 마음을 풀어주는 쪽으로 바뀌게 된다. 마음을 내려놓기 시작하는 것이다. 그러면 신기하게도 전보다 아이들이 편안해하고 말도 더 잘 듣는다. 할 수 없는 것에 대한 욕심을 버리면 엄마도 아이도 자유롭고 행복해진다.

스트레스 줄이기

한두 달은 어렵지만 시간이 지나면 적응이 된다. 첫째를 키울 때는 완벽한 엄마가 되기 위해 강박적으로 매달리지만 세 자녀를 키우다 보면 조급함이 좀 사라진다. 특히 워킹맘이라면 아이들에게 충분한 사랑을 주지 못한다는 죄책감을 느끼기 마련인데, 엄마에게서 부족한 부분은 형제자매로부터 채워지는 경우가 많다. 첫째는 동생들보다 확실히 의젓하고 리더십이 강하다. 엄마가 동생들 보살피느라 힘들어 보이면 묵묵히 기저귀 가방을 들어주거나 유모차를 밀어주는 등 엄마와 동생들 모두를 배려한다. 이게 세 자녀를 키우는 장점이다. 특히 연령대가 비슷하면 아이들이 서로를 의지하며 함께 자란다.

가사와 육아 분담

세 아이를 키우려면 가사와 육아를 엄마 아빠가 철저히 분담해야 한다. 아빠도 요리도 하고 집안일까지 할 줄 알아야 한다. 세 자녀를 키우다 보면 집안일 때문에 옥신각신하는 경우가 많은데, 미리 어느 정도 분담해두어야 문제가 덜하다. 아이가 한 명 더 늘어나면 집안일이나 아이 돌보는 문제는 단순히 배로 늘어나는 것이 아니라 몇 곱절씩 증가한다. 한 명이 희생하는 구조가 아니라 모두 각자의 역할을 할 수 있을 때 가정의 평화가 온다는 점을 기억하자.

바람 잘 날 없는 세 자매, 그래도 함께가 좋아
_세 자매의 공존에 필요한 것

〈보통의 육아〉, 〈보통의 엄마〉 작가 김나영

꼬물쟁이 세 딸들이 어느덧 중3, 초6, 초2가 되었다. 사람들은 하나 키우기도 힘든데 어찌 셋이나 키웠느냐 묻는다. 나는 답한다, 셋이었기에 키울 수 있었노라고.
첫째와 둘째의 터울이 세 살, 둘째와 셋째의 터울이 네 살, 첫째와 셋째의 터울이 일곱 살이다 보니 정말로 첫째가 셋째를 업어 키웠다. 아이들이 어릴 때는 터울 덕을 제법 보았다. 언니들에게 동생은 부모의 사랑을 나눠가져야 하는 경쟁자라기보다 자신이 보호자로서 챙겨줘야 하는 존재라는 인식이 더 컸던 것 같다.
어릴 때는 동생을 질투하거나 싸울 일도 별로 없었지만 아이들이 초등학생 이상이 되자 말로만 듣던 살벌한 자매들의 전쟁을 매일 겪고 있다. 중학생 언니 눈에 초딩 동생들이 하는 짓은 한없이 하찮고, 머리 굵어진 동생들도 더는 언니의 참견을 따뜻한 조언으로 받아들이지 않기 때문이다. 다행히 머리채 휘어잡고 하이킥 날리는 육탄전은 없으나 자매들의 말싸움은 서슬이 퍼렇다. 끝없이 이어지는 팩트 폭격, 인신 비하 등 중딩부터 초딩까지 말발이 장난 아니다. 녀석들의 싸움은 대개 성격 차이에서 비롯된다. 한 배 속 출신이긴 해도 세 녀석은 생김새부터 성격까지 전혀 다르다.

세 녀석의 성격이 태어난 해의 띠 동물과 비슷하다는 생각을 한다. 순한 동물의 대표격으로 알고 있는 양은 겉보기엔 순둥순둥해도 여차하면 뿔로 들이받아 버린다. 실제로 양띠인 첫째는 착하다는 말로는 다 표현 못할 콩쥐언니의 심성이 있으며, 누가 시키지도 않은 공부를 제 스스로 밤새 핫식스 빨아가며 투혼을 불태우는 승부사 기질도 있다.
둘째는 개띠 해에 태어났다. 사람 친화적이라 이 녀석과 하교 길을 걸으면 마치 레드카펫인 양 지나는 아이들 모두에게 안녕, 안녕 손 흔들며 인사하느라 바쁘다. 부모의 온갖 당부, 협박, 애원, 통촉 등은 녀석에게 통하질 않는다. 제 스스로 내키면 하고 아님 말고다. 개 중에서도 가장 극성이라는 일명 '지랄견' 비글이 딱 우리 둘째다.

셋째는 호랑이띠다. 마냥 귀엽고 깜찍한 애기 막둥이가 아니라 실은 맹수의 우두머리인 호랑이처럼 언니들은 물론 주변 사람들의 머리 위에서 논다. 힘의 역학관계를 완벽히 꿰뚫어 누구 옆에 서야 자신이 원하는 것을 얻을 수 있는지를 안다. 이 녀석이 걸음마 좀 떼고 음마 음마 좀 하던 17개월 무렵, 늘 엄마에게 "무… 물 주쩨요" 하며 물 한 컵을 사정하던 놈이 어느 밤 부스스 잠 깨어 일어나 어둠 속을 헤치고 터벅터벅 정수기 앞으로 걸어가 스윽 물 컵을 꺼내 쪼르르 물을 받아 내리 원샷하는 모습은 가히 충격이었다. 할 줄 알고, 할 수 있음에도 가족들을 수족으로 부렸던 것이다.

실제로 한 집안에서 양, 개, 호랑이 세 동물을 키운다면 어찌했을까를 수없이 생각해보았다. 먹이를 주는 것부터가 달라야 했다. 양에게는 풀을 먹이고 호랑이에게는 고기를 주어야 한다. 아무거나 먹어대는 개는 사료로 길들여야 탈이 없다. 비교적 온순한 양은 안락한 자기 방만 있어도 만족하지만 활동량이 많은 개는 마당에 풀어 키워야 한다. 제일 처음 양을 키워봤다고 해서 양을 키우던 방식으로는 개와 호랑이를 키울 수 없다.

이미 애 하나를 키워봐서 둘째, 셋째는 수월할 줄 알았건만 오히려 둘째 셋째를 키우기 위해서는 첫째를 키웠던 방식을 빨리 잊고, 지워야 했다. 수유 방법부터 잘 먹는 이유식, 놀아주는 방법은 물론 대화의 방법까지도 둘째에게는 둘째 방식으로, 셋째에게는 셋째 방식으로 달리해야 했다.
첫째는 소위 말하는 엄친딸이다. 환상적인 외모, 곱디 고운 심성, 세상 어디를 내놔도 칭찬 일색인 매사 '정답'에 가까운 아이였다. 첫째와 비교했을 때 말도 잘 안 듣고 제멋대로인 둘째는 늘 틀린 아이였다. 첫째를 '정답'으로 찍어놓고 보니 둘째는 매번 틀린 아이일 수밖에 없었다. 둘째에게는 둘째에게 맞는 '해법'이 필요하다는 것을 깨닫기 전까지는 늘상 유별난 둘째의 기질 탓만 했다. 타고나기를 저렇게 타고난 놈이라고, 내가 뭔 짓을 해도 안 된다고, 엄마인 내 양육방식은 틀리지 않았다고 힘겨운 자기 방어를 했더랬다.
아니다. 내 양육방식이 틀렸다.
솔비에게는 솔비 엄마가, 예린이에게는 예린이 엄마가 되어야 함을 좀 늦게 깨달았다. 난 여전히 솔비 엄마인 채로 예린이를 대했다. 같은 당부와 부탁이라도 솔비의 언어와 예린이의 언어는 달랐다. 어지른 것 좀 치우라는 이야기를 할 때 솔비에게는 "다 하면 뒷정리도 해~"라고 하면 되지만 예린이에게는 "뒷정리까지 해주면 완전 멋지겠는걸?"이라며 한껏 추켜세워야 투덜거림 없이 제 스스로 치우는 식이다.
처음 아이를 키우느라 온갖 시행착오를 겪으며 간신히 엄마 노릇 좀 하게 되었다 싶었는데, 둘째와 셋째도 다시 관찰하고 분석하고 알아가는 과정이 필요했다. 첫째 솔비를 기준으로 삼지 않고 오롯이 예린이로, 소이로 알아가는 과정이 말이다.
출생 순서가 아이들에게 미치는 영향은 분명 있다. 양육 환경의 영향도 있다. 그러나 분명한 것은 출생 순서와 별개로 각 아이마다 고유의 기질이 있고 성향이 있다는 것이다. 부모가 가장 먼저 그 아이만의 특별함을 알아야만 다른 형제자매들과 어우러져 자라날 수 있는 환경을 제공할 수 있다.

양을 키우던 방법으로 개를 키울 수는 없다.
솔비 엄마로 예린이를 키울 수는 없다. 예린이에게는 예린이 엄마가 되어주어야 한다.
엄마는 아이에 맞게 각기 다른 양육법을 구사하는 또 다른 엄마가 되어주어야 한다.

chapter 4.

자기주도성
둘째는 혼자서도 잘한다

● ● ● ● ● ● ● ● ● ● ●

부모의 역할에 따라 아이의 자기주도성은 발달한다
터울이 많이 지는 형제자매의 자립심 키우기
터울이 큰 형제자매의 자립심을 키우기 위한 양육가이드
터울이 적은 아이들의 자립심 키우기
형제자매는 서로에게 가장 좋은 친구다
보호자, 좋은 선배를 자처하는 첫째

칼럼4 같은 날 같은 시에 태어난 두 아이를 키우는 일_쌍둥이 키우기 오마이뉴스 시민기자 이나연

부모의 역할에 따라
아이의 자기주도성은 발달한다

담요에 푹 파묻혀 눈동자 초점을 맞추려고 애쓰는 동생은 전혀 해로울 게 없어 보인다. 손가락으로 손바닥을 살짝 건드리면 동생은 반사적으로 그 손가락을 꽉 움켜쥔다. 아기 때는 누구나 하는 잡기 반사지만 첫째는 그게 너무나 재밌고 신기하다. 사실 동생이 할 줄 아는 재주라고는 이것밖에 없어서 첫째 눈에는 동생이 전혀 신통치 않아 보인다. 하지만 엄마는 첫째와 생각이 달라서 동생을 굉장히 소중한 듯 애지중지 보살핀다. 나이 어린 첫째는 거기서 오는 감정을 말로 설명하거나 표현하지 못한다. 하지만 마음 한구석에서는 동생과 경쟁해야 한다는 것을 직감한다.

출생 순서의 차이를 만드는 요소

연구에 의하면 출생 순서의 차이를 만드는 것은 가족 내의 형제들에 대한 부모의 차별적인 대우, 형제간 상호작용, 형제가 경험하는 사건들의 결과와 같은 환경이다. 형제는 자신에 대해 부모나 형제의 영향력을 자신의 해석에 따라 다르게 인식하기 때문에 부모나 다른 형제와 유사한 특성을 만들지 않는다.

출생 순서는 지적 능력에도 큰 영향을 미친다. 네덜란드의 연구에 의하면 출생 순서와 지적 능력 사이에 연관성이 있으며 첫째가 가장 높은 지적 능력을 보여준다고 한다. 아이를 기르는 부모의 정성이 지적 능력의 발달에도 좋은 영향을 미친 것이다.

동생이 생기기 전, 첫째는 외둥이와 같아 다른 형제자매와 부모의 사랑을 나누어가질 필요가 없으나, 동생이 태어나면 자신이 혼자일 때 받은 애정을 동생에게 빼앗기는 것 같아 질투심을 느끼며 부모의 사랑을 얻기 위해 동생과 경쟁한다. 동생의 경우에는 태어나 보니 이미 자신보다 더 크고 힘도 세며 능력 있어 보이는 손위 형제가 존재하고 있다. 이런 상황에서 동생은 부모의 관심이 자신에게 쏠린다는 것을 느끼기 어렵고, 언니나 형이 자기보다 힘이 세고 영향력이 크다는 것을 느끼면 자신이 손위 형제보다 못하다는 열등의식이 싹트게 된다. 후순위 형제는 자신도 첫째와 마찬가지로 우월해지고 싶은 마음에 첫째가 하는 활동, 가지는 물건들을 똑같이 요구하며 형제간 경쟁상황을 일으킨다. 이러한 경쟁관계는 형제간의 연령 차가 적을수록, 나이가 어릴수록 더욱 심하게 나타난다.

출생 순서와 육체적 차이

신장과 체중 같은 육체적 특성은 출생 순서와 크게 상호작용한다. 체격이 우위에 있으면 첫째가 사회적으로 지배적인 지위를 차지하기가 훨씬 더 쉽다. 마찬가지로 첫째의 지배에 대한 저항 역시 후순위 형제들의 체격이 좋을 경우 선호된다.

부모의 자원

형제들이 서로 달라지는 중요한 원인 중 하나는 부모의 사랑을 놓고 다툼이 발생하면서 벌어지는 경쟁이다. 육체적 차이의 우열을 가리고 나아가 가족 내 지위를 결정하는 전략은 후순위 출생자가 부모의 자원을 차지하기 위한 대응 전략을 낳는다.

가족 내 위치 파악에 따라 달라지는 대인관계

가정에서의 출생 순서와 가족 내 위치를 자신이 어떻게 지각하느냐는 성인이 되었을 때 세상과 어떤 패턴으로 상호작용하고 어떤 대인관계 양상을 나타내는지에 영향을 미친다. 예를 들어 일란성 쌍둥이가 같은 부모 아래서 엄청난 비극적 가족사를 경험한 후 성인이 되었을 때 그 사건에 대한 감정, 생각, 추억 등이 다르다는 것이다. 일란성이지만 첫째, 둘째로 자랐기 때문이다. 또한 알코올중독자인 아빠 아래서 자란 형제가 첫째는 아빠가 입원해 있는 병원의 정신과 의사가 되고 둘째는 아빠와 같은 알코올 중독자가 되었다는 일화는 이 주장을 잘 입증해준다. 환경의 영향이 상대적인 속성이나 개인의 지각에 따라 달라진다는 것은 서로 다른 가정에서 자란 같은 출생 순서를 지닌 아이들이 비슷한 성격적 특성을 보인다는 것으로부터 잘 이해할 수 있다.

외둥이

외둥이는 가족 내 경쟁할 사람이 없기 때문에 경쟁적인 성격을 형성할 가능성이 크지 않다. 외둥이는 가족 모두의 중심이 되고 자신의 중요성에 대해 과장된 견해를 발달시켜간다. 때로는 부모의 사랑을 너무 받아서 소심하고 의존적으로 매여 있을 수 있고, 자신이 늘 관심의 중심이 되어왔기 때문에 자신의 위치가 도전을 받으면 이를 불공정하다고 생각한다. 외둥이는 "나를 내버려 둬요", "차라리 혼자 하겠어요"라고 말하는 경우가 많다. 또한 외둥이는 다른 사람과 관계 맺기에 대해 충고하기를 좋아하지만 정작 자신들은 다른 사람을 상상의 산물로 여기는 경향이 있다.

♥ **부모 솔루션**

외둥이는 원하는 것을 할 수 있는 시간과 공간이 필요하다. 늘 가족의 주목을 받기 때문에 어느 정도 혼자만의 시간과 공간을 확보해주는 것이 아이의 성장에 도움이 된다. 아이가 부모 말을 잘 듣게 하려면 "너에 대해서는 잘 모르지만……"이라는 말로 시작해서 아이의 의도를 되물어보면 좋은 반응을 끌어낼 수 있다. 아이도 본인의 생각을 부모를 비롯한 타인에게 설명하고 이해받으려는 노력을 하게 된다. 아이가 사랑받고 있음을 느끼게 해주려면 "너는 ~할 가치가 있어"라고 말하면 된다. 의견이 대립할 때는 "화를 내고 싶으면 내도 되지만……"이라고 말을 꺼낸 다음 부모의 생각을 차분하게 전달하는 것이 효과적이다. 외둥이는 다른 사람과의 관계 맺기에 서툴기 때문에 부모와의 대화, 관계 맺기를 통해 연습을 해볼 기회를 충분히 주는 것이 필요하다.

첫째

첫째는 조건 없는 사랑보다는 인정, 존경, 칭찬을 선택하며, 그 결과 자기 생각과 감정의 행로를 잊어버린다. 첫째는 자라면서 부모에게 권력을 휘두르는 경향이 있다. 첫째는 다른 사람이 자신을 부정적으로 생각할 때 그 생각에 객관적인 근거가 있는지 없는지는 중요하게 생각지 않는다. 죄책감을 느끼거나 실패했을 때, 다른 사람에게 감명을 주지 못할 때, 다른 사람을 넘어서지 못할 때 우울해진다. 첫째는 "잘 모르겠어요", "어떻게 생각하세요?"라고 말하는 경우가 많다.

♥ **부모 솔루션**

첫째 자신이 이미 인정 등의 조건을 의식하므로 부모는 첫째에게 무조건적인 사랑을 경험하게 해야 한다. 아이가 말을 잘 듣게 하려면

"나의 의견에 동의하지 않을지도 모르지만……"이라고 말하면 좋은 반응을 끌어낼 수 있다. 첫째는 대개 자신의 의견을 부모의 의견과 동일시하려는 성향이 있기 때문이다. 아이가 사랑받고 있음을 느끼게 해주려면 "잘했어. 하지만 나는 너를 있는 그대로 사랑한단다"라고 말하면 된다. 의견이 대립할 때는 "~해주면 정말 고맙겠구나"라며 첫째의 뜻을 존중하는 뉘앙스로 말하는 게 효과적이다.

둘째

둘째는 아무래도 첫째보다 키우는 수고가 덜 든다. 그렇기에 일찍이 자기 일을 스스로 하는 자립심이 형성된다. 둘째는 편들어주고 보호하는 사람이 없다. 결국, 자기의 재능과 힘에 의지하게 된다. 보호받지 못하고 방치된다는 위기감 속에 살아가기 때문에 자기주장이 강하며, 때로는 싸움을 불사하는 경향을 보이기도 한다. 둘째는 다른 사람이 그들의 감정에 신경 써주는 것에 민감하다. "잘 안될 것 같은데요", "충분치 못해"라고 말하는 경우가 많다.

♥ **부모 솔루션**

둘째는 일찍부터 혼자 해결하는 일이 많았기 때문에 자신의 감정을 표현하는 데 서툴다. 부모에게 인정받는다는 느낌을 경험하도록 해야 한다. 아이가 말을 잘 듣게 하려면 "완벽한 의견은 아니지만……"이라고 말하면 좋은 반응을 끌어낼 수 있다. 잘하려는 의지가 강하기 때문에 부모가 말하는 의견에 귀를 기울일 것이다. 아이가 자신을 깎아내리려 할 때 사랑을 받고 있음을 느끼게 하려면 "괜찮아. 그래도 엄마는(아빠는) 너를 사랑해"라고 말하면 된다. 의견이 대립할 때는 자기 주장만 내세우면 결국 손해라는 것을 넌지시 알려주는 것이 효과적이다. 둘째는 자기주장을 내세우고 호전적인 경우가 많으므로 이런 부모의 말에 조금은 다른 사람의 입장에 귀를 기울이게 된다.

셋째

셋째는 응석받이지만 한번 마음 먹으면 물불을 가리지 않고 밀어붙인다. 두 기질은 얼핏 모순되는 것 같지만 실제로는 어린 시절에 특별한 보살핌을 받은 사람들에게 흔히 나타나는 특징이다. 불가능을 가능으로 만드는 자신감과 강한 신념은 조건 없는 사랑과 무한한 긍정 속에서 생겨난다. 셋째는 힘든 일을 겪고 있을 때도 웃음 뒤로 문제들을 감춘다. 따분함을 느끼고 근심스러울 때, 다른 사람을 실망하게 했을 때, 다른 사람을 즐겁게 해주지 못할 때 우울해진다. "아무 문제 없어요", "난 아무렇지도 않아요"라고 말하는 경우가 많다.

♥ 부모 솔루션

안정감을 느끼게 하자. 아이가 말을 잘 듣게 하려면 "~해줄래?"라고 말하면 좋은 반응을 끌어낼 수 있다. 아이가 사랑을 받고 있음을 느끼게 해주려면 "그런 일을 겪었다니 안됐구나"라고 셋째의 상황을 부모가 충분히 이해하고 있다는 것을 알려주면 된다. 의견이 대립할 때는 무조건 부모 의견을 따르라고 하기보다는 주장의 근거를 찬찬히 물어보고, 논리적으로 대응해주는 것이 효과적이다.

터울이 많이 지는 형제자매의 자립심 키우기

　첫째를 외동처럼 키우다 한참 후에야 둘째를 낳는 집이 늘고 있다. 부모는 첫째에게 동생과 나이 차가 많이 나니 동생 잘 돌보며 형 노릇 잘할 거라 기대한다. 그러나 터울이 큰 형제를 키우는 것이 그렇게 만만한 것은 아니다. 터울 큰 형제자매를 키우려면 마음의 준비와 육아의 기술이 필요하다.

　동생을 보는 데 이상적인 시기란 없다. 그런데 최근 들어 5년 이상 차이 나는, 소위 터울 큰 '늦둥이'를 보는 가정이 늘고 있다. 하나만 낳아 잘 키우려 했는데 첫째가 웬만큼 자라고 나니 다시 육아를 해도 괜찮겠다는 자신감도 들고, 더 늦기 전에 첫째에게 동생을 만들어줘야겠다는 의지가 생긴 것이다. 하지만 너무 차이 나는 '터울'에서 비롯되는 문제들도 많다. 예를 들어 동생이 6년 이상 어린 첫째는 기능적으로 외둥이와 유사하다. 출생 순서나 형제 경쟁의 영향을 덜 받고 자란다.

첫째의 입장

5~6세 아이는 도덕심도 생기고, 어느 정도 사리 분별도 할 수 있다. 동생을 예뻐해주고 돌봐주는 좋은 형이 되어야 한다는 것을 안다. 하지만 마음속에서는 진심으로 동생이 예쁘단 생각이 안 든다. 터울이 적은 첫째라면 미운 동생을 때리기도 하고 갑자기 어리광도 부리지만 터울 큰 첫째는 옳고 그름을 어느 정도 판단하기 때문에 자신이 동생을 질투한다는 사실에 알게 모르게 죄책감을 느끼고 스트레스를 받게 된다. 첫째에게 동생은 심기를 불편하게 만드는 존재일 뿐이다. 동생으로 인해 '내 세상'이 송두리째 변했기 때문이다. 아기 가구 들이느라 집 안 배치가 바뀌고, 엄마는 동생을 위해 뽀송뽀송한 솜이불이며 침대, 젖병과 옷가지를 장만한다. 이런 것들이 모두 '동생'을 위한 것임을 아는 순간 첫째는 불안할 수밖에 없다.

동생이 자라서도 문제는 이어진다. 기고 걷기 시작한 동생은 아무렇지 않게 첫째의 영역을 침범한다. 유치원에서 멋있게 그려온 그림에 침을 흘리고 낙서를 한다. 블록을 한순간에 무너트리고선 자긴 아무 짓도 안 했다는 표정을 짓는다. 평온하고 아늑했던 첫째의 왕국은 터울 큰 둘째로 인해 헝클어진다. 엄마는 아기가 태어나면 어린 동생 감기 걸린다고 놀이터에도 데려가지 않고 외출도 하지 않는다.

부모 입장

부모는 첫째도 사랑스럽지만 절대적인 보살핌이 필요한 둘째에게 더 집중하게 된다. 게다가 첫째가 작은 아기 옆에 있으니 갑자기 훌쩍 커 보인다. 터울이 지니까 무의식중에 첫째에게 언니·오빠 노릇을 기대하게 된다. 형제·자매간에도 세대 차는 있다. 터울이 5년 이상 나면 아무리 같은 아이라 할지라도 세대 차가 있다. 여기에 성별까지 다르면 그 정도는 심해진다. 가령 첫째가 초등학생인데 동생은 3~4세 아이라면 생활방식도, 놀이방식도 다르다. 하다못해 체험전도 같이 가기 힘들다. 24개월 미만 아이는 아예 입장이 허락되지 않는 곳이 대부분이기 때문이다. 나이 차가 1~2년이면 노는 것도, 교육도 한 번에 해결될 텐데 터울 큰 형제·자매를 함께 키우기는 쉽지 않다.

나이 차가 크면 결국 외동아이 둘을 키우는 것과 마찬가지로 경제적 부담이 가중된다. 첫째가 쓰던 옷가지나 장난감, 책 등을 5~6년씩 보관하는 집은 드물어서 하나부터 열까지 새로 장만해야 한다. 대신 터울이 5년 이상 차이 나면 첫째가 어린이집이나 유치원에 간 사이 둘째는 쉬엄쉬엄 돌볼 수 있는 시간이 있다. 첫째가 초등학생만 되어도 의젓하게 동생을 돌보며 엄마의 육아 도우미 역할을 해준다. 같이 놀아도 주고, 공부도 가르쳐주고, 심지어 동생 씻기기까지 하는 첫째도 있다.

훈육과 가르침은 부모가 할 일이라는 것을 첫째에게 알리자

그러나 첫째가 꼭 엄마가 바라는 긍정적인 면모만 보이는 것은 아닙니다. 첫째 아이가 엄마 아빠 몰래 동생을 때리기도 하고, 마치 엄마처럼 동생에게 이것저것 명령하거나 훈육하려는 태도를 보이기도 한다. 혹은 아예 동생이 없는 것처럼 굴기도 하고 무관심한 태도로 일관하기도 한다.

아예 10년 이상이 차이 나지 않는 이상 6~7년 정도 터울의 아이들에게서 사이좋은 관계를 찾는 것은 어렵다. 6~7년 이상의 터울이 되면 첫째가 부모의 흉내를 내서 동생을 훈육하려고 한다거나 지시를 내리는 것이 싸움의 원인이 된다. 이럴 때는 아무리 터울이 많이 난다고 해도 훈육과 가르침은 부모의 몫이라는 것을 첫째에게 가르칠 필요가 있다.

둘째가 태어나기 전 변화를 최소화하라

아직 첫째가 어린이집이나 유치원에 안 다니고 있다면 홀로 육아를 감당하기 버거운 부모 입장에서는 첫째를 어린이집에 보내는 것이 두 아이 모두를 위해 꽤 괜찮은 대안이라는 생각을 하게 된다. 그러나 아이를 어린이집에 보내는 과정이 절대 급작스레 이루어져서는 안 된다. 이미 첫째가 기관에 다니고 있다면 동생의 탄생으로 인해 다니던 곳을 갑자기 옮기는 것도 되도록 자제하자. 생활하던 공간과 생활방식이 송두리째 바뀌면 아이는 스트레스를 받으므로 충분한 준비와 적응 기간이 필요하다.

둘째 아이가 태어날 무렵에는 첫째에게 어떤 큰 변화도 주지 않는 것이 바람직하다. 동생의 탄생을 시점으로 어수선한 집안 분위기에 휩쓸려 기관에 맡겨질 경우, 첫째는 자신이 동생에게 밀렸고 엄마 아빠를 뺏겼다고 여긴다.

● 첫째라서 좋은 점을 많이 알려주어라

첫째 아이만 할 수 있는 일들을 많이 알려주어라. 동생은 할 수 없는 여러 게임을 할 수 있으며 동생은 먹을 수 없는 것들을 첫째 아이는 먹을 수 있다면 그것을 자주 이야기해주어라. 첫째 아이만이 가진 권한을 대단하게 이야기해주는 것이다. 첫째가 할 수 있는 일들을 동생에게 칭찬해주는 것도 좋다. 그림을 멋지게 그릴 수 있고, 달리기도 빨리 달릴 수 있다는 것을 동생에게 이야기해보자.

● 억지로 동생에게 잘 해줄 것을 강요하지 마라

부모의 눈에는 첫째가 다 큰 어른처럼 느껴질 테지만 아직 첫째도 여전히 아이다. 부모의 사랑을 받아야 하는 시기다. 동생과 사이가 좋을 것을 강요하지 말고 천천히 기다려주는 것이 더 좋다. 첫째가 동생을 가족으로 받아들이기 위해서는 마음의 준비가 필요하다.
이때 동생과 친해지게 만드는 가장 효과적인 방법은 첫째가 직접 둘째를 보살필 기회를 주는 것이다. 기저귀를 갈아줄 때 물티슈를 가져오게 하거나 목욕시킬 때 수건을 가져오게 해보자. 소소한 심부름이 익숙해지면 난도를 높여 우유병도 물려주게 해보자. 첫째는 동생이 아직 아무것도 하지 못하는 연약한 존재라는 것을 알게 되고 자신도 엄마처럼 동생을 돌봐주어야 한다는 것을 자연스럽게 깨닫는다.

● 둘째가 첫째 아이의 영역을 침범하지 않게 하라

아이들은 서너 살만 되어도 자기 것에 대한 소유욕이 생기기 시작한다. 하물며 다섯 살이 넘으면 '내 것'에 대한 집착이 강해지는데, 뭣 모르는 어린 동생 때문에 첫째는 곧잘 피해자가 되어버린다. 아끼는 장난감이 망가지고, 자신의 영역을 침범당했다는 생각에 억울하다. 처음 몇 번은 양보했을지 모르지만 갈수록 아무런 제지를 하지 않는 부모의 태도에 화가 난다.

이럴 때는 엄마가 먼저 첫째의 영역을 보호해주자. 첫째의 물건을 보관하는 상자를 따로 만들어 동생이 건드리지 못하게 하고 동생이 어려서 아직 말귀를 알아듣지 못하더라도 "이건 형 거야. 안 돼" 하고 단호하게 말해주자. 첫째는 엄마가 자기편이라고 느끼며 심리적인 안정감을 얻는다.

● 둘째라고 과잉보호하지 않는다

터울이 크면 둘째가 상대적으로 더 어려 보여 과잉보호하게 되는 경향이 있다. 하지만 지나치게 허용적인 양육법은 결국 둘째에게 독이 된다. 동생이 첫째의 물건을 망가트리거나 첫째를 귀찮게 괴롭힐 때 '아기니까 봐 주자'라고 첫째에게 요구해선 안 된다. 둘째를 싸고 돌면 첫째도 동생에 대한 적대감이 생기고 둘째도 제멋대로 자란다.

아무리 아기라도 잘못한 점에 대해선 올바른 훈육이 필요하다. 출생 순서가 아닌 '잘못한 것'에 대해 훈육하자. 두 아이 모두 연령에 관계없이 잘못한 일에 대해서는 똑같이 훈육하라. 아이를 혼내는 것도, 아이에게 표현하는 것도, 아이와 놀아주는 시간도 두 아이가 느끼기에 평등해야 한다.

● 첫째하고만 보내는 시간을 가져라

동생이 태어나고 첫째가 가장 속상한 것은 이제 더 이상 엄마 아빠를 독차지할 수 없다는 사실이다. 여기서 오는 상실감은 부모가 생각하는 것 이상이다. 가끔 온전히 첫째하고만 시간을 보내는 것이 필요하다. 평소 어린 동생을 데리고는 갈 수 없었던 곳을 찾거나, 어린이 영화를 한 편 보거나 카페에 들어가 동생은 먹을 수 없는 케이크와 코코아를 먹어도 좋다. 둘째도 첫째의 질투나 경쟁 없이 온전히 아빠와 조부모의 관심과 사랑을 독차지할 수 있다.

● 첫째가 에너지를 해소할 수 있는 긍정적인 활동을 마련해주어라

둘째가 태어나면 한참 뛰어놀아야 할 첫째까지 상대적으로 활동량이 줄어들게 된다. 둘째 아이가 자라기 전에는 가족 나들이를 꿈도 꿀 수 없는 환경이기 때문이다. 마음껏 소리도 치고 뛰기도 하며 에너지를 해소할 시간과 공간이 필요하다. 한껏 발산하고 난 뒤에는 한결 개운한 느낌을 받게 될 것이다. 둘째도 외기욕이나 일광욕은 필요하다.

이럴 때는 두 아이 다 만족시킬 수 있는 공간을 찾아보자. 실내 놀이터나 키즈카페, 야외 공원 정도면 터울 큰 두 아이의 타협점이 될 것이다. 첫째 입장에서는 굳이 엄마의 손길이 없어도 알아서 잘 놀 만큼 즐거운 놀잇감과 친구들이 있고, 어차피 둘째는 자기처럼 마음껏 뛰놀지 못하는 '미숙한' 모습이 자기 눈에도 보이기 때문에 잠깐은 엄마의 사랑을 양보할 아량도 생긴다.

터울이 적은 아이들의
자립심 키우기

둘째를 언제 가져야 할지에 대한 조언은 주위에서 수없이 듣는다. 어른들은 한 번에 줄줄이 낳아 키워야 엄마가 편하다고 하고, 선배 엄마들은 첫아이 돌 지나고 둘째를 가지면 적당하다고 한다. 터울이 적으면 부모의 사랑을 얻기 위한 경쟁이 강화되기 때문에 형제의 경쟁이 증대함은 물론이고 부모와 자식 간의 갈등도 더 커진다. 아이들의 갈등은 유아일 때 가장 크다.

전통 사회에서 5년 미만의 출생 간격은 유아 사망률의 증가와 결부된 적도 있었다. 따라서 5년 이하의 터울은 아이들에게 미치는 영향이 크다. 특히 3~4년 터울의 동생이 있는 첫째는 다른 연령 격차의 첫째보다 더 커다란 부모와 자식 사이의 갈등을 경험해야 한다. 첫째는 둘째를 질투하여 지배력을 강화하고 동생은 분노와 반항을 마음속에 품게 된다. 이 과정에서 둘째는 첫째와의 직접적인 비교를 최고화하면서 이에 대응한다. 그들의 관심사를 다양화하는 것이다. 과학적 변화에 대한 개방성, 광범위한 관심사, 여행, 터울의 차이가 과학적 태도에 영향력을 많이 미친다. 특히 첫째와 3~4년 터울로 태어난 둘째가 과학 분야에서 많은 영향을 받는다. 찰스 다윈(Charles Darwin)과 윌리스 램(Willis Eugene Lamb Jr.)이 대표적인 예이다. 두 과학자 모두 첫째보다 4년 더 어렸다. 다윈과 윌리스는 세계 여행에 대한 열정과 광범위한 관심사 덕택에 경험에 대한 개방성이 높았다.

3~4년의 터울

첫째는 엄마 아빠의 관심과 사랑을 전적으로 받고 자란다. 동생이 태어나기 전까지는 흡사 외동아이와 같은 대접을 받는다. 다른 형제의 방해와 간섭 없이 부모의 전폭적인 사랑과 집중적인 지지를 받으며 아이의 자존감은 높아진다. 하지만 동생이 태어나는 순간 얘기가 달라진다. 부모의 사랑과 관심은 온통 새로 태어난 아기에게로 향한다. 3~4년의 터울은 연년생에 비해서는 서열이 확실하게 정해지고 질투와 경쟁심 또한 덜하여 이상적인 터울이라고 할 수 있다. 그러나 아직 어리기 때문에 첫째가 둘째를 괴롭히는 경우가 생길 수 있고, 둘째가 부모의 편애를 등에 업고 형을 무시하려는 태도를 보일수도 있다. 또 서로 다투는 과정에서 상대적으로 약한 둘째가 일방적으로 당하기 쉽다. 이 과정에서 오히려 첫째가 부모에게 더 야단을 맞아 스트레스를 받기도 한다. 성별에 따라서도 다른데, 같은 성의 둘째는 부모와의 갈등을 더 적게 경험한다. 왜냐하면 부모가 첫째의 과도한 공격을 보상해주기 때문이다. 그러니 부모는 '형이니까, 동생이니까 이렇게 해야 한다'는 대응보다는 아이들 각자에게 골고루 관심을 두고 서로의 개성을 키우도록 노력하여야 한다.

첫째를 '큰 아이'로 보지 말자

둘째를 낳은 엄마가 보기에는 첫째가 키도 훌쩍 크고, 표정도 어딘지 모르게 전과 다르다고 생각한다. 첫째는 변한 것 없이 그대로인데, 옆에 젖먹이 아기가 있다는 사실만으로 엄마 눈에는 상대적으로 '큰 아이'로 보인다. 그리고 '큰 아이'로 여겨지는 순간 좀 더 의젓하기를, 언니, 오빠 노릇해주기를 은연중에 바란다. 그러나 둘째가 생겼다고 갑자기 첫째가 어른스러워지는 건 아니다. 오히려 첫째는 엄마가 당장 울어대는 젖먹이에게 집중적인 관심을 쏟으므로 상대적으로 박탈감을 느낀다. 부모는 첫째도 어린아이임을 항상 명심하여야 한다.

첫째의 어린이집 등원 시기는 신중하게 결정하자

둘째가 태어날 무렵 '첫째의 어린이집 등원'은 매우 합리적인 선택처럼 느껴진다. 홀로 육아가 힘든 엄마의 육아 부담을 덜어주고, 첫째에게는 놀이 친구가 생길 거라는 기대감 때문이다. 하지만 첫째의 어린이집 등원은 절대 급작스레 이루어져서는 안 되며, 충분한 시간과 적응 기간이 필요하다. 특히 동생 출생이 임박해 어린이집을 다니게 되거나 새로운 곳으로 옮기는 상황은 피해야 한다. 평소 생활하던 공간과 생활양식이 송두리째 바뀌는 변화는 아이에게 큰 스트레스를 줄 수 있다. 최소한 둘째 출산 5~6개월 전부터 준비해 충분한 적응 기간을 갖도록 신경 쓰자.

두 아이 각각에 온전한 애정을 쏟는 시간을 가지자

아이들이 엄마가 보기엔 별거 아닌 일에도 징징대고 투정을 부린다면, 아이는 무엇인가 부족한 것이다. 그 결핍은 단 10분 만이라도 아이에게 온전히 집중해 관심과 사랑을 쏟으면 채워진다. 따뜻한 눈맞춤, '사랑해'라는 말 한 마디, 안아주는 것만으로도 충분하다. 오늘 하루 어떤 일이 있었고, 가장 즐거웠던 일은 무엇인지, 저녁에 읽고 싶은 그림책은 무엇인지 시시콜콜한 대화를 나누어보자.

첫째에게 동생을 보살피는 역할을 주자

때로는 첫째와 둘째의 서열을 강조할 필요가 있다. 무엇보다 동생을 데리고 놀아야 하는 첫째가 지루해하지 않는 놀이를 택하는 게 좋다. 그림 그리기, 오리기 같은 놀이는 연령에 상관없이 같이할 수 있으며 협동놀이의 경우 최대한 쉬운 놀이를 택하는 게 좋다. 이때 첫째가 동생에게 놀이를 가르치도록 유도하면 효과적이다. 아직 어린 동생을 듬직하게 챙겨주는 언니, 오빠임을 상기시켜주고 칭찬도 필수다. 동생과 함께 놀 때마다 충분히 칭찬을 받으면 첫째는 성취감은 물론 책임감도 느끼게 된다.

한 가족의 '따로, 또 같이 나들이'

가족 나들이 시간이 난다면 온 식구가 다 같은 스케줄을 보내는 것도 좋지만 이따금 따로 데이트를 즐기는 것도 필요하다. 예를 들어 첫째는 엄마와, 둘째는 아빠와 시간을 보내는 것이다. 모든 식구가 매번 다 함께 나들이해야 한다는 고정관념은 접어두자. 따로 데이트를 즐기면 오히려 나들이 만족도도 높아지고 시간의 밀도도 촘촘해진다. 아이들 입장에서도 엄마 아빠의 관심이 분산된 2시간보다 온전히 자신을 봐주는 1시간이 더 알차게 느껴진다.

연년생 키우기

연년생은 나이 차가 적어서 서로의 의식 수준이나 요구 사항이 비슷해 경쟁심을 더 많이 갖기 때문에 그만큼 싸울 일도 많아진다. 연년생의 경우는 엄마의 입장에서 체력적으로 고되다.

연년생 엄마는 젖먹이는 물론이요, 걷고 뛰기 시작한 첫째까지 감당해야 한다. 한동안은 두 아이 기저귀 가느라 정신없고 끼니때면 한 아이는 이유식, 한 아이는 유아식을 챙겨주어야 한다. 반면 연년생은 유치원도 학교도 비슷한 시기에 다니기 때문에 생활방식도, 놀이방식도 공감대를 형성할 수 있다. 육아비 절감도 가능하다. 연년생이라면 큰아이가 쓰던 각종 육아용품이며 옷가지, 장난감, 책을 고스란히 물려줄 수 있다.

엄마 자신을 관리하라

몸은 몸대로 힘들고 아이들 치다꺼리하며 육아에 시달리다 보면 우울감에 사로잡히기도 한다. 그러나 육아는 자기가 원한다고 빨리 해결되는 일이 아니다. 아이들은 하루하루 자랄 테고, 더디지만 조금씩 자기 앞가림을 해나가게 돼있다. 일정한 시간과 과정을 거쳐야만 한다. 다 지나고 나면 잘 해냈다는 자신감과 뿌듯함이 찾아온다.

연년생 아이를 키우는 엄마라면 필히 자신을 돌아보고 숨 쉴 시간을 만들자. 주말 오전, 아빠에게 아이를 맡기고 단 몇 시간이라도 자신만의 시간을 보낸다든지 마음 맞는 또래 엄마들과 소통하며 스트레스를 풀어보자.

마음을 내려놓아라

한 아이는 이거 해내라, 또 한 아이는 저거 해달라며 동시에 징징대는 경우가 많다. 이때는 어차피 아이들 요구를 그때그때 다 들어줄 수도 없는 데다 엄마 혼자 애태운다고 뜻대로 되는 건 별로 없다. 아이들 부탁을 일일이 들어주려 애쓰기보다 아이가 힘들어하거나 속상해할 때 "그랬구나, 그래서 힘들었구나" 하면서 아이 말을 경청해주고 공감하도록 하자. 아이가 말귀를 알아듣는 나이라면 "네 마음 알아. 그런데 지금은 엄마도 너무 힘들어"라고 엄마의 힘든 상황을 솔직하게 표현해보자.

물건의 소유주는 명확히 정해주자

연년생은 3~4세 이후부터 키와 몸무게도 비슷해지고 심리 발달 상태도 조금씩 비등해진다. 그래서 옷도 같이 입히고 육아용품도 '내 것, 네 것' 없이 공동으로 쓰는 경우가 있다. 하지만 전부는 아니더라도 일부 물건만큼은 명확하게 주인을 정해주는 것이 바람직하다. 옷, 학용품 등을 살 때는 아이 각각의 취향에 맞춰 장만하고, 이름을 적어 소유주를 명확하게 하자. 어린이날이나 생일날 받은 자기만의 특별한 장난감이 있다면 아예 수납함을 따로 만들어 보관하게 하고, 서로의 것을 빌릴 때는 허락을 받는 것으로 원칙을 정해야 차후 다툼을 방지할 수 있다.

엄마가 중재자의 역할을 현명하게 하자

연년생은 갈등이 빈번해 엄마의 역할이 중요하다. 누구 하나의 편을 들어줘서는 안 된다. 우선 폭력이 오가는 심각한 상황이 아닌 이상 다툼에는 개입하지 않는 게 현명하다. 한 마디라도 거들다 보면 상대적으로 지지를 덜 받았다고 여기는 아이한테 원망을 듣게 된다. 싸움에는 늘 각자의 주장이 있고 자기 관점에서 그 주장은 정당하기 때문이다. 단, 몸싸움이 벌어졌을 때는 즉각적으로 개입해야 한다.

그리고 다툼 뒤에는 충분히 이야기를 나누어 응어리를 풀도록 하자.

함께할 놀잇거리를 만들어라

연년생은 인지 능력과 운동 능력이 엇비슷해서 함께할 수 있는 놀이가 다양하다. 역할 분담을 해 공동의 목표를 달성하는 협동놀이, 성취욕을 느낄 수 있는 경쟁놀이를 할 수 있다. 서로의 영역을 지켜주고 필요한 경우 협동심을 발휘할 수 있는 놀이를 해보자. 커다란 종이 상자 하나를 주고 오리고 붙이면서 놀거나 바닥에 커다란 전지를 펼쳐주면 서로 돕고 경쟁하며 그림을 그린다. 밀가루 반죽이나 찰흙을 가지고 역할놀이를 할 수도 있다. 블록이나 퍼즐도 저희끼리 머리 맞대고 제법 긴 시간 진지하게 몰입해 놀 수 있다.

첫째라는 이유로 양보와 이해를 강요하지 마라

단지 첫째라는 이유로 양보와 이해를 강요해서는 안 되며, 동생이란 이유로 첫째보다 적게 가지라고 요구해도 안 된다. 물건도, 사랑도, 시간도 똑같이 나누는 것을 기본으로 하되 상황에 따라 상대성 원리를 적용한다. 절대적인 보살핌이 필요한 젖먹이 아기에게는 꽤 긴 시간을 육아에 할애해야 한다. 반면 말이 조금씩 통하는 첫째에게는 양적인 시간보다 함께 공감하며 놀 수 있는 '질적인 시간'을 보내도록 하자.

쌍둥이 키우기

쌍둥이는 일란성이나 이란성에 상관없이 보통의 형제와는 차원이 다른 유대관계를 자랑한다. 특히 어린 시절에는 자신의 분신처럼 여기기도 한다. 다른 형제자매 간에 일어나기 쉬운 다툼이나 대립도 별로 없다.

그러나 나이가 들면서 둘의 관계나 역할도 변화하여 대개는 한쪽이 주도권을 갖고 다른 한쪽은 수동적인 경향을 보이게 된다. 주도권을 가진 쪽은 활발하고 수다도 잘 떨고 자기주장이 강한 성향을 보이고, 다른 쪽은 소극적이며 상대의 뜻을 맞추길 좋아하고 말수도 적은 성향을 보인다. 첫째가 성질이 까다로우면 그게 싫어서 동생은 뭐든 받아들이는 너그러운 아이가 되어야만 한다는 의무감이 생기는데, 이 과정에서 부모가 아이들을 차별하게 되면 서로에 대한 반감이 생긴다. 부모의 차별은 아이가 자신의 능력이나 가치를 낮게 지각하게 하고 자신에 대한 존중감을 감소시킨다. 이때 부모가 부정적으로 과잉통제하거나 훈육을 할 경우 쌍둥이 형제관계는 부정적인 영향을 받는다. 이는 형제관계에서 적대적이고 공격적인 행동을 유발하여 또래관계로 연결될 수 있다.

생후 6개월이 지나면 쌍둥이들은 서로의 걱정이나 고통을 알아보고 서로를 위안해주기 시작한다. 걸음마 시기가 되면 쌍둥이들은 일반 가정 아이들보다 훨씬 뛰어난 공감 능력을 보인다. 초등학교에 들어가면 공감과 협동심을 바탕으로 동료의식을 지속해서 유지한다.

비교하지 마라

같은 나이다 보니 엄마는 쌍둥이를 키우면서 비교하는 일이 잦아진다. 일란성 쌍둥이라고 해도 성격과 기질이 다를 수밖에 없다. 잘하는 것이 각자 다르고 취향 또한 판이한 경우가 있다. 특히 애착 형성이 되지 않은 관계에서 비교하는 행동과 말은 아이에게 상처를 줄 수 있으니 서로 잘하는 것을 칭찬해주고 격려해주며 "너는 이걸 잘하고 너는 저걸 잘하는구나!"라며 다르게 감탄하고 사랑을 표현하는 것이 중요하다. 서로의 차이를 인정하고 각자 개성을 존중하는 힘과 자기들만의 특별한 형제애를 일깨우면서 둘을 함께 묶어주어야 한다.

나쁜 행동마저 따라 하는 경우, 제한하라

쌍둥이는 가장 친한 친구이자 동등한 형제라는 생각에 '동조 심리'가 강한 편이다. 특히 어릴 때는 무엇이든 '같이' 하고 싶어 하는 심리가 있다. 커플 룩을 입거나 동시에 인사를 하는 식이다. 또는 주변에서 그런 행동을 요구하기도 한다. 큰 문제가 되지 않는다면 커 갈수록 상대를 따라 하는 심리는 서서히 줄어들기 때문에 기다려주는 것도 방법이다. 하지만 따라 하는 횟수가 빈번하고 일부러 나쁜 행동을 따라 하는 경우라면 행동을 제한할 필요가 있다. 쌍둥이 중 한 아이가 다른 아이의 영향을 받는 편이라면 영향을 주는 아이의 행동을 제한할 필요가 있다.

혼자서 엄마를 독차지할 시간을 주어라

아무래도 둘을 키우다 보니 한 명에게 신경을 쓰면 다른 한 명은 상대적 박탈감을 느끼게 되고 부모는 쌍둥이를 함께 묶어 말을 거는 경우도 많다. 그렇다 보니 부모와 쌍둥이 간의 상호작용 질이 떨어져 애착 형성을 하는 데 어려움이 생기기도 한다. 엄마는 틈틈이 각각의 아이와 단독 시간을 갖는 것이 좋다. 아빠가 퇴근한 후나 주말에는 한 명씩 교대로 안고 목욕을 시키거나 번갈아가며 스킨십을 하는 것이 방법이다. 걷기 시작하면 외출 시 아빠와 번갈아가며 한 아이를 맡아 혼자서 온전히 부모를 독차지할 수 있는 시간을 주기도 해야 한다.

폭력으로 대처하지 마라

쌍둥이는 서로 협동도 잘하지만 자주 싸우기도 한다. 나이가 같기 때문에 싸우면서 공격성이 드러날 수도 있고 거칠고 과격해지기도 쉽다. 부모 입장에서는 쌍둥이일수록 사이좋게 지내야 한다는 강박관념이 있어 쌍둥이가 싸우면 이를 제압하기 위해 부모가 야단을 치면서 언어적·신체적으로 폭력을 행사하기도 한다. 그러나 부모가 폭력으로 대처하는 것은 아이에게 화가 나면 폭력을 사용해도 된다는 신호를 전달하는 셈이다. 특히 쌍둥이는 서로 간의 영향력이 크기 때문에 두 아이 모두 폭력적으로 될 위험이 있다.

부모가 재판관이 되려고 해서는 안 된다

아이들의 싸움도 나름의 뿌리 깊은 이유가 있다. 그런데 당장의 싸움만 가지고 잘잘못을 가리면 분명 누군가 억울하다는 느낌을 받는다. 부모는 너희들이 싸우면 속상하고 멈췄으면 한다는 마음을 전달하는 것이 우선이다. 부모가 아이들에게 사랑한다는 말을 하지 않더라도 충분히 잘 알 것이라는 건 잘못된 생각이다. 아이가 어느 정도 자랄 때까지는 부모가 조건 없는 사랑을 주고 있다고 끊임없이 상기시켜야 한다. 부모의 마음을 전달할 때에는 쌍둥이 아이들에게 개별적인 관심을 가지고 각각 눈을 맞추고 하여야 한다.

아이들의 개성을 존중하자

쌍둥이의 부모는 아이들을 함께 묶어서 말을 거는 경우가 많고 쌍둥이 중 한 명과 대화를 하더라도 다른 한 명이 끼어드는 경우가 빈번하기 때문에 상호작용의 질이 떨어질 수밖에 없다. 중요한 것은 각자의 성격이 다르기 때문에 그 성향에 맞게 반응하며 한 명씩 자신을 존중해준다는 느낌을 줘야 한다. 예컨대 아이가 개성이 강하고 굽히지 않는 성격이라면 당근과 채찍을 병행해야 하며, 유순하면서도 온순한 성격이라면 아이의 감정을 빨리 읽고 다독여주어야 한다. 각각의 개성을 존중해주는 것이 무엇보다 중요하다.

형제자매는
서로에게 가장 좋은 친구다

형제자매는 같은 부모에게 태어나 같은 가정 안에서 살아가면서 많은 시간을 함께 보내게 된다. 따라서 형제자매의 가장 큰 이점은 함께 지내며 어울려 놀 수 있는 시간이 많다는 것이다. 형제는 특별히 어떤 일을 하지 않아도 함께 있는 친구로서 중요하며 외로움에서 벗어날 수 있게 해준다. 이처럼 형제자매는 같이 놀고 서로의 필요를 인식하면서 앞으로 사회적 상호작용에 대해 준비를 하게 된다. 즉 형제자매는 서로의 상호작용을 통해 놀이 친구로서의 역할을 습득할 수 있기 때문에 또래관계에서도 잘 융합될 수 있다.

형제자매는 친구이자 동료로서 서로 직간접적으로 도와주고 가르칠 뿐만 아니라 감정을 공유하고 표현할 기회를 제공한다. 이러한 사회적 상호작용을 통하여 형제자매는 주고받기, 협상하기, 문제해결 및 상호협동 등을 배우며 사회화의 대리인으로 서로에게 최초이자 강력한 또래관계를 제공한다. 형제관계는 사회성 발달의 환경을 제공할 뿐 아니라 사회화 기술을 가르친다. 이와 같은 사회화 과정은 형제의 일생에 지대한 영향을 끼치며 서로에게 유익한 서비스 체계가 된다.

형제자매의 놀이문화

형제자매들은 많은 시간을 함께 지내고 다양한 방법으로 상호작용한다. 놀이와 대화의 대상이 되며, 최초의 친구관계가 형성된다. 형제자매를 통해 놀이 친구, 공부 친구의 역할을 습득하게 되는데, 이러한 역할의 습득은 또래 간의 놀이에서도 나타난다. 외동아이는 친구의 관심과는 무관하게 자신이 재미있어하는 놀이만 한다. 그러나 형제자매는 여럿이 함께할 수 있는 놀이를 더 많이 한다. 형제자매와의 상호작용을 통해 놀이 친구의 역할을 습득하다 보니 또래관계에도 더 잘 융합될 수 있다.

형제자매들이 있다는 것은 그 자체로서 형제자매들 간에 놀이문화가 형성될 수 있다는 것이다. 최근의 핵가족화로 인하여 자녀들이 가정에서 같이 놀 수 있는 형제자매가 없어 다른 방법을 통하여 놀이문화를 만들고 있다. 형제자매간의 놀이는 단순한 놀이에 그치지 않고 서로 간의 친밀감과 애착을 형성하는 데 도움을 준다. 특히 형제자매들과의 사회적 놀이는 유아의 정서 발달을 지원한다. 사회극 놀이는 소꿉놀이, 병원놀이, 시장놀이와 같이 다양한 사회적 역할을 나누어 맡아 진행하는 놀이이다. 사회적 놀이 안에서 유아는 자연스럽게 정서적 갈등 상황을 경험하게 되고, 자신의 정서 지식을 맥락에 맞게 사용하며 훈련할 수 있다.

감정의 공유와 표현

아이의 정서발달은 어릴 적 경험에 좌우된다. 부모는 아이들이 세상은 안전한 곳이며, 사랑받는 곳이고, 자기 생각과 아이디어를 마음껏 표출할 수 있는 곳이라고 느끼게 해야 한다. 또한, 다양한 경험을 할 수 있도록 도와야 한다.

형제자매가 있는 가정에서는 사랑, 시기심, 질투심, 자부심, 낙담, 후회 같은 감정을 표현하는 것이 아무렇지 않다. 부모는 형제자매들끼리 몸싸움이나 말싸움을 하면 서로 포옹과 뽀뽀를 하고 사과하라고 요구한다. 이런 상황에서는 입으로 하는 것보다 몸으로 말하는 게 더 잘 통하는 법이다. 특히 형제자매가 싸울 때는 살벌한 말들이 쉽게 오간다. "다시는 내 인형을 빌려주나 봐라!", "절대로 용서하지 않을 테야!" 이런 말들은 다른 사람이 보기에는 너무 과하다 싶지만 정작 그 말을 한 형제자매끼리는 잊어버린다. 아이들이 이런 말을 주고받을 수 있는 것은 형제자매들과의 관계가 무척 열정적이고, 또 이런 말을 하더라도 서로의 관계에 감정적 타격을 주지 않는다는 사실을 알기 때문이다.

개별화를 돕는 과정

갈등은 서로 다르기 때문에 발생한다. 각자의 입장이나 생각, 바람이 일치하지 않으니 서로 부딪히며 갈등을 겪게 된다. 형제자매들은 서로 달라 겪게 되는 이러한 갈등을 통해 자신의 욕구가 다른 사람과 다르다는 것을 알게 된다. 즉, 형제자매들은 갈등에 부딪혔을 때 다른 사람의 견해를 존중함과 동시에 자신의 견해를 방어하는 과정을 통해 다른 사람과 구별되는 자신의 욕구에 대해 알게 된다. 결과적으로 형제자매들은 갈등을 해결하는 과정을 통해 개인의 정체성을 발달시키고, 다른 사람과 다르다는 것을 배움으로써 자아발달에 기여한다.

갈등 해결 방법을 배우는 사회화 과정

형제자매들은 같이 보내는 시간이 많고 많은 것을 함께 공유하기 때문에 불가피하게 갈등을 경험하게 되는데, 그들은 갈등을 해결하기 위해 여러 가지 전략을 사용하게 된다. 이러한 과정에서 형제자매들은 떼를 쓰거나 소리 지르기 등의 미성숙한 방법이나 때리는 등의 파괴적인 방법이 토론이나 협상과 달리 효과적인 전략이 아니라는 사실을 학습하게 된다. 즉, 형제자매들은 갈등을 해결하는 과정을 통해 협상이나 타협, 문제해결과 같이 다른 사람의 의견을 수용하는 건설적인 갈등 해결 전략을 학습할 수 있다.

이렇게 가족 내에서 경험한 형제자매 갈등과 갈등 해결 경험은 가족 밖에서 경험하는 갈등을 해결하는 데 도움이 된다. 따라서 형제자매 갈등은 아이가 갈등을 해결하는 방법을 배울 기회를 제공함으로써 형제자매들이 갈등을 해결하는 전략을 학습할 수 있도록 돕고, 형제자매관계에서 습득한 건설적인 갈등 해결 전략은 형제자매가 다른 사회적인 갈등 상황에서 좀 더 효과적으로 갈등을 다룰 수 있도록 돕는다.

긍정적 대인관계를 위한 발판

형제자매간의 상호작용은 가까운 친구를 형성할 수 있는 사회적인 이해와 기술발달에 기여하고, 아이가 긍정적인 사회적 관계를 맺을 수 있도록 돕는다. 즉, 가족 내에서 경험한 형제자매 갈등은 가족 밖 상황에서 갈등을 해결하는 도구적 역할을 하여, 가족 안에서 형제자매와 갈등하고 그 갈등을 해결하는 과정에서 더욱 건설적인 갈등 해결 방법이 무엇인지 배울 기회를 제공한다. 그래서 자신의 경험을 토대로 가족 밖의 다른 사회적 갈등에 더욱 잘 대처해나간다. 따라서 형제자매가 없는 유아들과 비교해 또래관계를 잘 형성할 수 있다.

학령기의 형제자매관계는 영유아기에 형성된 긍정적인 상호작용이 유지되는 시기이다. 또한, 학령기는 생의 다른 주기보다 형제자매들이 직접 접촉하며 서로 경쟁하고 가족 내의 자원을 공유하는 시기로, 학령기의 형제자매관계는 이후에 나타나는 것보다 매우 강하게 맺어져 있다. 따라서 학령기의 좋은 형제자매관계는 미래 형제 간의 좋은 유대관계의 초석이 된다. 어린 시절 형제자매가 애정적인 관계를 잘 이루면 크면서 친밀함과 보살핌으로 변화되어 성인이 되어서까지 좋은 관계가 유지된다.

친구로서의 형제관계

온정적 친밀감
- 서로게 관심을 보이고 신경을 써준다.
- 둘이 같이 다니면서 이런저런 일을 함께한다.
- 모든 일을 서로에게 이야기한다.
- 서로 돕고 의지한다.
- 서로를 사랑한다.
- 비밀이나 속마음을 서로에게 털어놓는다.
- 서로에게 깊은 정을 느끼고 있다.
- 시간이 있을 때면 함께 시간을 보낸다.

긍정적 참여
- 함께 놀기를 원할 때 놀잇감을 함께 갖고 논다.
- 떨어진 후에 다시 보게 될 때 행복해한다.
- 떨어지게 될 때 섭섭해한다.
- 함께 놀이를 시작하거나 함께 논다.
- 즐겁거나 재미있는 시간을 보낸다.
- 화가 났을 때 형제끼리 격려해주고 달래준다.
- 놀이 친구로 받아들인다.
- 서로에 대해 좋게 생각한다.

보호자, 좋은 선배를 자처하는 첫째

　형제자매간의 역할은 주로 놀이의 친구, 공부 친구, 교육 학습자의 보조자, 보호자, 의존자, 적이나 경쟁자의 다양한 역할을 한다. 그리고 형과 언니는 부모의 대리자로 훈육의 역할도 담당한다. 아무리 사이가 좋지 않은 형제일지라도 자신의 형제가 위험에 처하거나 외부의 교육을 받게 되는 상황에서는 형제를 보호하는 행동을 취한다. 이렇듯 형제는 도움과 지지를 제공하는 보호자의 역할을 한다. 과거에는 형제자매 수가 많아 첫째와 막내 사이에 나이 차가 많이 나서 보호자의 역할이 중요한 부분을 차지하였으나, 현대의 가족관계는 핵가족화되어서 보호자의 역할은 감소하고 있다.

첫째의 책임감

　보호자 역할도 첫째의 성별에 따라 행동 양상에 차이가 있다. 대개 첫째가 남자인 경우에는 동생을 보호하기보다는 지배하려는 경향을 띠지만 첫째가 여자인 경우에는 동생에게 더 민감하고 기술적으로 상호작용한다. 첫째 여자아이는 첫째 남자아이보다 동생에게 설명을 더 많이 해주며, 피드백도 잘 주고 대화도 많이 한다. 따라서 대부분의 형제 돌보기는 보통 남동생이 있는 누나에게 위임되는 경우가 많다.

형제를 돕는 방식도 다양해서, 권위적인 첫째는 동생에게 독재적이고, 위협적인 태도를 보이기도 한다. 이와는 달리 과도한 요구를 하는 동생을 무시하거나 방임하는 첫째도 있다. 첫째는 부모가 자기에게 동생을 돌보는 책임을 전적으로 위임하지 않았음에도, 어떤 상황에서도 동생을 돌봐야 한다고 의식하는 경우가 많다.

추리소설의 아버지인, 셜록 홈스 시리즈의 작가 아서 코넌 도일(Arthur Conan Doyle)은 그림 그리기가 취미인 공무원 아빠와 오랜 명문가의 후예인 엄마 사이에서 셋째로 태어난 장남이었다. 그에게는 여섯 명의 동생이 있었는데 엄마는 장남 아서에게 각별한 애정을 쏟았다. 예술가적 기질을 가졌던 아빠가 알코올에 중독되어 가계가 궁핍해졌을 때도 엄마는 아서 만은 제대로 교육시켰다. 아서는 학교에서 때때로 문제를 일으키기도 했는데, 결국 에든버러대학 의학부를 졸업하여 의사가 될 수 있었다. 아서가 의사가 되고 나서도 엄마는 그와 빈번히 편지를 주고받으며 조언을 아끼지 않았다. 듬직하지 못하고 무능했던 아빠의 모습 또한 그가 노력하고 성공하는 데 자극이 되었다. 아빠 때문에 엄마가 고생하는 모습을 보고 자란 그는 자신이 아빠 대신 집안의 가장으로서 엄마와 형제들을 보살펴야 한다고 생각했다.

첫째 아이는 좋은 선배

형제자매를 같은 보육기관에 보내면 첫째가 동생이 적응하는 데 도움을 주어 둘째가 기관에 빨리 적응할 수 있다. 그 과정에서 첫째의 자존감도 올라간다. 현재의 보육기관에서 아이가 적응을 못 하거나 교사들의 교육 방식이 많은 문제가 있거나 교육기관에 전혀 신뢰가 가지 않는 경우가 아니라면 굳이 형제자매를 다른 보육기관에 보내는 것은 바람직하지 않다.

동생이 생겼을 때 부모는 보통 첫째 아이에게 "너는 오늘부터 형이니까 네가 할 수 있는 일은 스스로 하렴"이라고 한다. 그러면 아이는 그렇게 하려고 노력한다. 여태까지 부모와 함께 자던 아이도 "혼자서 잘게"라고 하기도 하고 화장실도 혼자 가려고 시도한다. 심지어 집안일로 바쁜 부모 대신 동생을 보살펴 주기도 한다.

동생도 첫째가 있어서 처음에는 열등감에 시달린다. 하지만 여러 자극을 받고 경쟁할 기회가 많아 놀라울 정도로 잘 성장해 형을 앞지르기도 한다. 욕심도 많고 자기주장도 센 동생은 모든 면에서 성장도 빠르고 잘하기 때문에 관심이나 칭찬을 많이 받는다. 이런 과정에서 형제자매는 선후배가 된다.

든든한 정서적 지지자이자 조언자

학령기 형제자매들은 환경에 많은 변화를 경험하게 된다. 특히 첫째는 학교에 입학하면서 새로운 환경을 경험하게 된다. 첫째는 동생이 학교에 입학하면서 학교 관련 문제들에 대해 동생을 도와줄 수 있다. 학습을 지도하는 교육자의 역할도 수행한다. 어린 동생을 가르치는 경험은 형이나 언니에게 지적인 성장을 일으키는 요인이 된다. 형제자매간 교수의 역할은 형제자매 모두에게 이득이 되는 것이다.

이러한 과정을 거치면서 학령기 형제는 친밀감이 깊어지고 동료의식을 형성한다. 서로에게 정서적 지지와 숙제 도와주기, 돈 꿔주기, 서로를 보호하기 등의 직접적인 행동을 한다.

형제자매관계는 긍정적이든 부정적이든 어린 시절에 큰 영향을 미치고 때론 매우 강렬한 감정을 불러일으키기도 한다. 형제자매 사이에 일어나는 이런 감정은 성인이 되고 난 후에도 계속될 뿐만 아니라 대를 이어 지속되어 삶에 큰 영향을 끼치고는 한다. 학령기의 형제자매는 서로를 다양한 주제의 조언자로서 중요하게 여겨, 부모에게 이야기할 수 없는 주제에 대해 서로 이야기하고 조언을 해준다. 연구에 의하면, 동생은 부모와 말하기 곤란한 주제들에 대해 부모보다는 형이나 언니와 함께 이야기하며 그들의 충고에 따른다고 한다.

형제자매는 중재자이자 협력자

　형제자매는 부모 자녀 간 또는 부모와 가족 밖의 일을 중재하거나 대변해주는 역할을 한다. 예를 들어, 형이나 언니는 가끔 동생의 말을 부모에게 이해시키는 숙련된 해설자 노릇을 한다. 연구에 의하면 학교에서 어려움을 당한 경우, 형제자매로부터 많은 지지를 받은 아이가 그렇지 않은 아이보다 학교생활에 더 잘 적응하는 것으로 나타났다. 때로 형제자매는 부모에게 혼나거나 꾸중 듣는 상황에서 방패막이나 증인이 되어 주기도 한다. 형제자매 중 한 사람이 부모와 의견충돌이 발생하면 그사이에 끼어들어 중재하기도 하고, 서로 힘을 합쳐서 부모와 협상을 하기도 한다. 또한, 형제자매 사이에 갈등이 발생할 때 친밀하거나 영향력이 있는 형제와 제휴하여 문제를 해결하고 갈등을 해소하기도 한다. 이러한 과정을 통하여 형제자매는 밀접한 유대관계를 형성하고 문제해결과 적응 방법을 배워나가게 된다. 일부 형제자매들은 다른 형제자매들의 도움을 자신을 지배하거나 조정하는 것으로 인식하는 경우지만 형제자매 사이에 온정적이고 협조적인 관계를 유지하고 있는 경우, 형이나 언니의 도움을 긍정적으로 인식한다.

　형제자매들의 연령이 증가하는 것과 더불어 형제자매관계는 더 평등하고 균형을 이루게 되면서 그들 간의 권력, 지위의 구조에서 변화를 보인다. 즉, 동생이 나이가 들수록 능력을 갖추게 되고 더 독립적으로 되면서 형제자매간의 발달적 지위가 유사해지고 형제자매관계는 조화를 이루고 평등하게 된다. 따라서 첫째는 부모자녀관계와 또래관계에서는 가질 수 없었던 권위를 형제자매관계에서 갖고 있었으나 동생의 능력이 향상됨에 따라 이를 포기해야 하는 상황에 부닥친다. 이러한 상황으로 인해, 첫째에 대한 동생의 적대감은 연령에 따라 감소하는 데 반해 동생에 대한 첫째의 적대감은 감소하지 않는다. 이처럼 학령기 형제자매관계는 이전보다는 더욱 평등하고 균형 잡힌 관계로 발전한다.

선후배로서의 형제자매
- 형제자매에게 할 일을 지시한다.
- 형제자매가 할 줄 모르는 것을 가르쳐준다.
- 형제자매에게 이래라저래라 명령한다.
- 할 줄 모르는 것을 형제자매가 가르쳐준다.

같은 날 같은 시에 태어난 두 아이를 키우는 일
_쌍둥이 키우기

〈오마이뉴스〉 시민기자 이나연

우리 집 쌍둥이 남매는 2009년에 태어났는데 성별이 다르기도 하고 초등학교 입학을 전후해서 두 아이의 키 차이가 무려 10센티미터 가량 벌어지기 시작했다. 그때부터는 아무도 남매를 쌍둥이라고 묻지 않았다. 남매가 쌍둥이인 걸 알게 되면 사람들은 누가 위냐고 자주 묻는데, 그럴 때마다 좀 난감하다. 집에서는 두 아이에게 위아래의 개념을 심어주지 않고 있기 때문이다. 쌍둥이 남매가 위아래 혹은 여자나 남자라서 차별받는다는 느낌을 갖지 않도록 공평하게 대하려고 늘 애를 쓰지만 두 아이 사이에는 분명 순서와 성별에 따른 차이가 존재한다.

제왕절개로 태어나 위아래를 구분하는 것이 더욱 의미가 없음에도 불구하고 자궁 입구에서 가까운 곳, 즉 배에서 더 아래쪽에 자리잡고 있어서 태어난 순서가 억울하게(?) 바뀐 아들은 어른들이 위아래를 묻고 둘째라는 사실이 확인될 때 불편한 표정을 짓곤 한다. 우리 집 둘째이자 막내인 이 아이는 출생 순서를 비롯해 모든 면에서 딸과 비교당하는 것을 극도로 싫어한다. 그렇다 보니 아무리 해도 키뿐 아니라 모든 면에서 빠른 발달을 보이는 딸에게 이기기 쉽지 않다는 것을 일찌감치 깨닫고 아예 비교당할 상황을 스스로 만들지 않기도 한다. 유난히 그림 솜씨가 좋은 딸 아이보다 그림을 잘 그릴 수 없다는 것을 눈치챈 아들은 4~5세경에는 1년이 넘도록 그림을 그리지 않기도 했다. 소근육이 제법 발달한 이후 그린 그림을 엄마 아빠가 칭찬해준 다음에야 조금씩 그림 그리기를 시도했으며 초등학교에 들어간 뒤 그림으로 상을 받고 나서야 스스로 그림을 못 그린다는 콤플렉스를 극복할 수 있었다.
반면 겨우 2분 먼저 태어났는데도 딸은 매사에 아들에게 양보도 잘하고 누나 역할을 톡톡히 한다. 좋은 먹성을 비롯해 학습 능력도 아들보다 앞서 있어서 양보해도 전혀 어색하지 않다. 그러나 아이에게는 그것이 나름 스트레스가 되었다. 어떤 날엔가는 일부러 빵가루를 바닥에 떨어뜨리거나 해야 할 숙제를 미뤄두더니 스스로 그날을 '말 안 듣는 날'로 정했다며 어리광을 부리기도 했다.

부모의 사랑은 때로 공평하지 않다

쌍둥이라 둘이 잘 놀 것 같다는 말을 자주 듣지만 세상에 이런 아이들이 있을까 싶을 정도로 두 아이는 서로를 가장 큰 경쟁자로 여기며 질투한다. 아들이 그림을 잘 그렸다고 칭찬하자 그림을 그리지도 않은 딸아이가 나는 왜 칭찬을 안 해주냐고 말한 적도 있다.
이렇게 서로를 질투하는 아이들이라 누구 하나만 칭찬하거나 사랑을 표현하는 것이 눈치가 보인다. 그래서 나는 아이가 "엄마는 누굴 제일 사랑해?"라고 물으며 엄마의 사랑을 저울질하면 "엄마는 엄마 자신을 가장 사랑하고 그 다음에는 아빠와 쌍둥이 남매를 똑같이 사랑한다"라고 말해준다. 아이들은 서로 자기가 1등이 아니라 무척 서운해하는 눈치지만 둘 중 누구 하나를 더 사랑한다고 말해줄 수는 없는 노릇이다.
솔직히 고백하자면 나는 아이들을 공평하게 사랑하지 않는다. 어떤 때는 딸이 더 예쁘고 또 어떤 때는 아들이 더 예쁘다. 아이의 행동이나 내 컨디션, 상황에 따라 좋아하는 마음이 기운다. 회사 일이 너무 힘들었던 날에는 두 아이 모두 예쁘지 않아 보이기도 한다. 엄마도 사람인지라 마음이 늘 균형을 유지하는 것은 아니다.

column 4

형제간의 경쟁을 누그러뜨리는 방법은 개별적인 시간과 공간의 확보

아이들의 경쟁이나 질투가 어디에서부터 시작된 걸까 고민해본 결과 24시간 붙어 지내는 상황에 있다고 결론을 내렸다. 연령이 같다 보니 집에서뿐만 아니라 어린이집이나 유치원에서조차 아이들은 각자만의 영역을 가져본 적이 없었다. 항상 상대방을 관찰하며 비교할 수밖에 없는 상황이었던 것이다.

그래서 우리 부부는 일찌감치 둘을 비교할 수 없는 상황에 두기로 결심했다. 유치원에서는 여섯 살부터, 초등학교는 입학할 때부터 두 아이를 다른 반에 배치해서 서로의 영역과 사생활을 가질 수 있도록 해주었다. 두 아이가 다른 반이면 실제로 부모가 챙겨야 하는 각종 스케줄이 1.5~2배쯤 늘어 어려움이 많지만 아이들에게는 확실히 좋았다. 자기만의 선생님, 자기만의 친구를 가지게 된 아이들은 좀 더 각자의 개성을 뚜렷하게 드러냈고 친구들과는 경쟁하거나 질투하는 일이 거의 발생하지 않았다. 딸은 차분함이 더욱 드러나는 한편 남자 친구들과의 경쟁에서도 지지 않는 근성을 보여줬으며, 아들은 선생님이 걱정할 만큼 장난에서 두각을 나타냄에도 불구하고 학습이나 준비물 챙기기에서 꼼꼼함을 보였다. 특히 딸을 이길 수 없다는 콤플렉스를 가지고 있던 아들이 딸 이외의 친구들과 두루 지내면서 경쟁이라는 단어에 조금 무뎌진 것은 서로 다른 반에서 지내면서 얻은 가장 좋은 효과라고 생각한다.

쌍둥이의 우선순위를 정하는 어려움

우리 부부가 쌍둥이 남매를 키우면서 가장 어려운 부분은 나이가 같은 아이들의 우선순위를 정하는 것이다. 가령 퇴근한 엄마 아빠가 현관에 들어서기가 무섭게 두 녀석이 동시에 하고 싶은 말을 제각각 쏟아내는데 거기에 제대로 응대해주기란 쉽지 않다. 엄마 아빠를 차지하지 못한 아이, 가지고 싶은 물건을 먼저 소유하지 못하거나 하고 싶은 행동에 대해 우선권을 차지하지 못한 아이는 섭섭함을 감추지 못한다. 그래서 아이들이 태어나서 가장 많이 들은 단어는 '기다려'와 '빨리빨리'라는 단어일 것이다.

서로 자기의 우선순위를 주장하는 아이들에게 공평하게 기회를 주기 위해 기다리라는 말을 많이 한다. 두 아이가 동시에 할 말이 있을 때 엄마 아빠가 함께 있다면 부부가 각자 한 아이씩 맡아 이야기를 들어주기도 하지만 그럴 수 있는 경우는 흔치 않다. 어쩔 수 없이 아이들은 말하는 순서를 정해야 하며, 부모를 차지하는 순서에 이미 공평할 수 없는 상황이 된다. 아들이 먼저 이야기를 시작하면 딸은 순서를 기다려야만 한다. 기회를 먼저 얻은 아이는 흥이 나지만 그렇지 않은 아이는 순서를 빼앗긴 것에 집중하다가 정작 자기가 무슨 말을 하려고 했는지 잊어버려서 더 화를 내는 어처구니없는 경우도 있었다. 그래서 우리 부부는 순서보다는 기회의 공평성에 무게를 두었다. 순서를 기다린 아이의 차례가 오면 잘 말할 수 있도록 이야기를 간단히 상기시키고 격려한다. 이후에 순서를 경쟁하는 경우가 또 발생하면 그때는 순서를 기다려본 아이가 먼저 이야기할 수 있도록 기회를 나눈다.

한편 아이들이 엄마 아빠를 차지하려고 경쟁하는 시간은 대개 엄마 아빠가 막 퇴근한 순간일 때가 많다. 엄마인 내가 2000년부터 지금까지 직장 생활을 계속하고 있는데다 부부 모두 퇴근이 늦다 보니 우리 가족의 저녁 시간은 늘 바쁘다. 엄마 아빠를 차지하려고 한참을 기다렸다가 기회를 얻은 아이들에게 잘 시간이 임박했으니 빨리빨리 하고 싶은 말을 하라거나 움직이라며 재촉하는 안타까운 일상을 반복하고 있다. 다만 워킹맘으로 육아에 쏟을 수 있는 한정된 시간을 조금이라도 두 아이에게 할애하려고 노력하고 있다. 그래서 아이들이 지금처럼 부모의 애정을 두고 경쟁하기보다는 서로 의지하고 좋은 친구로 커갔으면 좋겠다고 기대해본다.

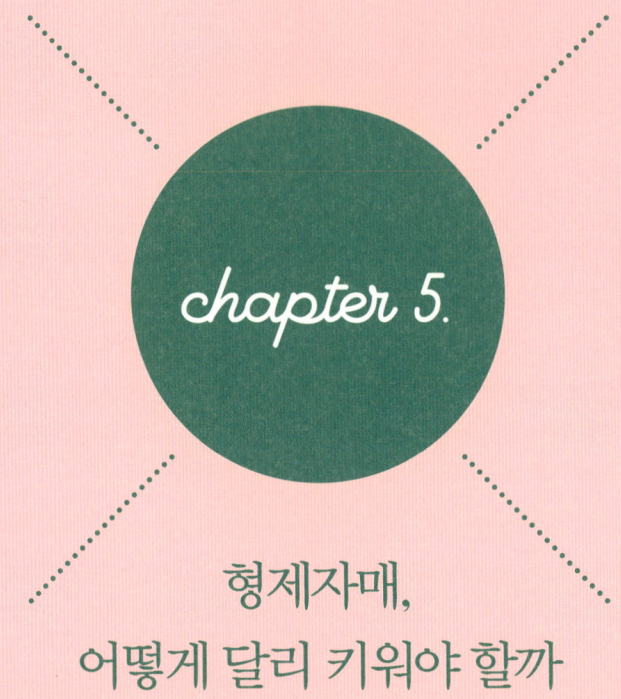

chapter 5.

형제자매,
어떻게 달리 키워야 할까

● ● ● ● ● ● ● ● ● ● ●

첫째의 스트레스가 문제행동을 일으킨다
형제갈등을 그림책으로 해소하자
형제자매간의 갈등을 줄이기 위한 양육가이드
형제의 갈등을 다룬 대표 그림책
추가로 볼 수 있는 그림책
싸움에 대처하는 부모의 자세, 폭력은 처음부터 금지하라
형제자매간 싸움에 대처하는 양육가이드
양보를 가르치자
형제간 양보와 배려를 위한 양육가이드
경쟁적으로 거짓말하는 아이들
거짓말하는 아이를 위한 양육가이드
체벌로 아이를 다루려 하지 마라
동생 때문에 떼쓰는 첫째 아이, 어떻게 대해야 할까
떼쓰는 첫째를 다루기 위한 양육가이드
감정발산놀이
특별한 상황 대처법 Q&A

칼럼5 사랑 그 자체인 둘째, 이유 없이 짠한 첫째, 모두 내 소중한 아이들_남매 키우기
〈투맘쇼〉 기획·출연 개그맨 김경아

첫째의 스트레스가
문제행동을 일으킨다

둘째를 돌보느라 힘든데 첫째가 안아달라고 매달리는 일이 종종 있다. 이것은 첫째가 기질적으로 유별나서 그런 것은 아니다. 앞에서도 말한 것처럼 동생의 출현은 첫째에게는 엄청난 충격이다. 첫째는 놀람과 경계, 불안 반응과 함께 부모의 사랑을 빼앗길지 모른다는 초조, 시기, 질투, 미움, 분노 등의 반응을 함께 보인다.

모든 첫째에게 동생은 스트레스다

부모는 첫째에겐 엄격한 반면 동생들에겐 좀 더 느긋한 태도를 보인다. 첫째에게 더 많은 것을 기대하기도 한다. 첫째를 양육하는 건 부모로서의 첫 경험이기 때문에 부모는 아이에게 불안과 걱정 같은 반응을 보일 수도 있다. 하지만 부모의 이런 기대, 관심, 걱정은 첫째에게 불안감을 안겨줄 수 있다. 아이는 부모의 반응에 숨겨진 의미를 잘 파악한다. 아이는 부모의 걱정까지도 먹고 자라기 때문에 아이에 대한 지나친 기대는 조금 줄여야 한다. 첫째는 이러한 스트레스 때문에 둘째보다 꽃가루알레르기나 습진 같은 알레르기성 질병에 잘 걸린다. 이는 스트레스로 인하여 면역력이 떨어지고 과보호로 인하여 병원균이나 박테리아에 덜 노출되었기 때문이다.

첫째 아이에게 나타나는 문제행동의 원인은 다음과 같다.

첫째, 서툰 부모에게 태어났다

초보 부모에게 키워지며 시행착오를 겪어야 하는 것이 첫째의 숙명이다. 실제로 첫째의 경우 초보 부모로 인해 약간의 실험대상이 되기도 한다. 서툰 부모는 관심과 사랑도 많지만 시행착오도 잦다. 의욕이 앞선 나머지 아이에게 강요하기도 쉽고 아이를 양육할 때 확신도 부족하다. 따라서 첫째가 보수적이고 현상유지에 힘을 쓰는 성향으로 자라는 것이다. 그럼에도 부모의 큰 관심과 사랑은 아이에게 긍정적으로 작용한다.

둘째, 뭐든지 양보해야 한다

동생이 태어나면 첫째는 늘 항상 '어른스러워'야 한다는 강요를 받기도 한다. 이때 첫째는 동생이 태어나면 새로 태어난 아이에게 밀려나 외톨이가 된 것 같은 느낌이 들게 된다. 아무도 자신을 좋아하지 않는다고 느낄 뿐 아니라 부모에게 사랑을 충분히 받지 못하고 때로는 무시당한다고 느낀다. 더 나아가서 동생과 비교해서 자신이 엄마에게 사랑받을 자격이 없다고 느끼게 되면 엄마와 연결이 약해지고 있다고 믿게 된다. 따라서 양보하도록 강요받으면 받을수록 부모에게 버림받았다고 느낄 가능성이 크다.

셋째, 부모의 기대가 크다

첫째는 부모의 기대가 크기 때문에 스트레스를 많이 받는다. 또한, 첫째는 부모의 기대를 충족시키고 싶어 한다. 그러나 부모의 기대는 아이의 발달상황을 고려하지 않을 때가 많아 적합하지 않고 부풀려진다. 이때 스트레스를 받은 첫째는 새로운 도전에 위축되고 불안이 많아진다.

넷째, 둘째만 예뻐한다

첫째는 둘째보다 자신이 미움을 받는다고 여기기도 한다. 동생이 생기고 부모의 관심이 동생으로 향하게 되면 관심과 사랑을 뺏겼다고 느끼게 되고 어떻게 하든 돌려놓으려고 한다. 그러다 보니 동생처럼 행동하면 관심과 사랑을 되돌릴 수 있을 것으로 생각을 하여 퇴행 현상을 보이는 것이다. 또한 사랑과 관심을 받던 시절에 대한 그리움도 반영된다.

동생으로 인한 퇴행행동

동생의 분유를 먹겠다고 고집을 피운다

조금 어린 나이라면 동생만 안아주고 먹여주고 보살피는 엄마를 보며 첫째도 젖병을 달라고 할 공산이 크다. 이럴 때 엄마가 "너는 도대체 왜 이러니?" 하며 버럭 화를 내면 첫째는 기어코 젖병을 달라며 생떼를 부릴 것이다. 그런데 엄마가 무덤덤하게 "그래? 별로 맛없을걸? 동생은 이가 없으니까 우유만 먹는 거야"라고 응대하며 젖병을 주면 첫째의 반응이 달라진다. 첫째는 젖병을 몇 번 빨아볼 뿐 호기심이 충족되면 더 이상 요구하지 않는다.

♥ 부모 솔루션

첫째용 젖병을 따로 준비해 마셔보게 하자. 아이는 젖병이 사용하기 불편하다는 사실을 알게 된다. 이때 부모가 컵에 우유를 많이 따라서 마시는 모습을 보여주면서 경쟁심을 느끼게 해보는 것도 방법이다. 첫째가 컵에 우유를 담아 먹었다면 칭찬과 격려를 잊지 말자.

공격행동

아이가 동생을 때린다

동생에 대한 질투심의 표현으로 부모가 보지 않을 때 동생을 밀치거나 꼬집는 등의 행동을 보일 수 있다. 첫째가 동생을 야박하고 심하게 대하는 것은 자기 영역이 침범당했다고 느끼기 때문이다. 부모에게 인정받고 싶거나 자신의 정체성을 찾아가는 발달과정에서 자연스레 일어나는 일이다. 또 자신이 동생보다 크고 강하다는 것을 보여주기 위해 이러한 행동을 하기도 한다.

♥ 부모 솔루션

때리는 행동에 대해서는 이유와 상관없이 먼저 "안 돼", "때리는 건 잘못이야"라고 말하자. 그다음에 "동생이 밉니?"라는 말로 아이의 마음을 읽어주고 잠깐 동생과 떨어뜨려 마음을 진정시키자. 첫째가 진정되면 다시 한번 동생이 미워도 때리는 것은 잘못이라는 사실을 강조한다. 아이가 동생을 때리지 않고 잘 지낼 때마다 칭찬과 격려를 하는 것도 행동을 바꾸는 데 도움이 된다.

질투행동

동생을 칭찬하는 꼴을 못 본다. 항상 칭찬받고 싶어 한다

첫째는 엄마나 할머니 등 가족들이 자신보다 동생을 더 예뻐한다고 생각하면 몹시 서운해하며 "내 엄마야, 저리 가!"라거나 "동생 싫어!"라고 표현한다. 이때 부모는 "네가 동생을 잘 돌봐주어야 해", "네가 형이니까 참아야지"라며 첫째에게 더 많은 책임감을 요구하기 쉽다. 첫째는 동생의 편만 드는 부모에게 더욱 화가 나 동생에 대한 질투심과 경쟁심은 더 강해진다. 비교하여 칭찬하거나 첫째 앞에서 동생을 공개적으로 칭찬하면 경쟁관계가 만들어진다.

♥ **부모 솔루션**

이때는 무조건 야단치기보다 아이의 마음을 읽어주자. 그리고 동생이 왜 미운지, 어떤 부분이 마음에 들지 않는지 아이의 말을 들어준다. 엄마를 돕거나 동생을 쓰다듬어주는 등 긍정적인 행동에 대해 크게 칭찬해주면 아이의 적대감은 조금씩 줄어든다. 하루에 15~30분이라도 아이와 단둘이 놀아주고 이야기 나누는 시간을 갖자.

불안행동

갑자기 떼쓰기나 울음이 심해진다

동생이 생기면 첫째는 불안해져서 떼를 쓰거나 쉽게 우는 경우가 많다. 심하면 고개를 흔드는 등의 틱 증상을 보이기도 한다. 무조건 업어달라거나 동생 것도 자기 것이라고 우기기도 한다. 동생이 생기면서 바뀐 환경이 문제가 된다. 첫째에게 쏟았던 관심과 시간, 애정이 줄었음을 아이가 알아차린 것이다. 실제로 둘째를 낳기 전과 낳은 후의 일과를 노트에 기록해 비교해본다면 그 차이를 알 수 있다.

♥ **부모 솔루션**

첫째가 왜 불안해하는지 이해하고 엄마와 둘만의 시간을 가져서 아이의 격앙되고 흥분된 마음을 가라앉히자. 잘못된 행동에 대해서는 심하게 야단치기보다는 무관심이나 타이르는 정도로 반응하자. 다만, 장난감을 잘 가지고 놀거나 책 정리를 하는 등 긍정적인 행동을 보일 때 칭찬과 격려를 하자.

과잉행동
동생을 너무 예뻐하는 모습을 보인다

첫째는 엄마에게 과잉된 행동을 보여서 엄마로부터 더 많은 칭찬과 관심을 끌어내려고 한다. 또한, 세상에서 제일 사랑하는 사람이 엄마이므로 엄마가 하는 행동을 그대로 따라 해서 마치 자신이 엄마가 된 것 같은 느낌을 가지고자 하는 의미도 있다. 첫째 스스로 자신의 기대에 부담을 느껴 엄마에게 잘 보여야 한다는 생각에 동생을 더 챙기기도 한다.

♥ 부모 솔루션

첫째라는 이유로 엄마의 기대가 너무 높은 것은 아닌지 점검해보자. 만약 엄마가 보지 않을 때 동생을 괴롭힌다면 이는 자신의 진심을 숨기고 그저 엄마에게 착한 아이로 보이기 위해서라는 사실을 알아야 한다. 이때는 동생을 예뻐하는 모습에 대해서는 충분히 칭찬해주되 동생을 잘 돌보지 않아도 엄마가 사랑한다는 신뢰와 믿음을 줄 필요가 있다.

형제자매간의 갈등, 그림책으로 해소하자

아이들은 부모의 어린 시절 이야기를 무척 좋아한다. 잠들기 전에 그 이야기를 듣는 것이 무슨 의식처럼 여겨질 정도이다. 보통은 엄마가 그림책을 읽어준다. 그런데 어쩌다 엄마와 아빠가 자신들의 과거사 이야기를 들려주면 아이들은 유난히 귀를 쫑긋 세우고 듣는다.

형제간의 갈등은 유아에서부터 초등학교 아이에게 중요한 문제가 된다. 이런 경우 형제에 관한 그림책을 읽으며 형제간의 갈등을 나누고 그러한 갈등이 자신에게만 있는 것이 아니라는 사실에 대해 위안을 느끼고 해결책을 찾아가도록 도와줄 수 있다.

사실 형제자매간의 갈등은 발달 과정에서 아이들이 흔히 보이는 자연스러운 현상이므로 크게 염려할 필요는 없다. 어느 집이나 형제, 자매, 남매를 가리지 않고 자주 싸운다. 다만 부모가 그 상황에 어떻게 대처하느냐에 따라 형제애가 깊어질 수도 있고 반대로 서로를 경쟁자로 여기며 으르렁댈 수도 있다는 점을 알아야 한다.

부모의 지나친 개입은 갈등을 부른다

부모는 형제가 싸울 때 첫째를 야단치는 것으로 개입했던 것이 오히려 그들의 갈등을 부추길 수 있음을 알아야 한다. 첫째는 동생 때문에 아빠 엄마의 사랑을 충분히 독차지할 겨를도 없이 '폐위된 왕'이 되었는데, 그 속상한 마음을 부모가 섬세하게 헤아려주지 못해 상처를 받는다. 그 상처가 동생을 무시하고 시샘하는 행동으로 이어지게 되는 것이다.

부모의 사랑을 차지하기 위한 싸움이 벌어질 경우에는 부모가 개입하지 않으면 이내 잦아들기 마련이다. 부모의 관심과 사랑이 전부인 시기에 동생과 그 사랑을 공유한다는 것은 상상조차 할 수 없는 일이다. 그래서 잘하던 대소변 가리기에 실패하고 갑자기 안 하던 어리광을 부리는 등 아기가 하는 짓을 따라 하며 퇴행하는 모습을 보인다. 갖가지 요구가 늘고 틈만 나면 엄마 주위를 맴돌며 귀찮게 한다. 동생을 돌보느라 여력이 없는 엄마는 첫째의 어리광을 받아줄 여유가 없어 괜한 화와 짜증을 어린 첫째에게 쏟아붓고는 돌아서서 후회하고 마음 아파하며 눈물을 흘린다.

따라서 유아기 자녀를 키울 때는 또 다른 방식으로 형제자매간의 질투와 다툼을 조율해주어야 한다. 첫째가 알아듣지 못한다 하더라도 지금 동생은 엄마가 보살피지 않으면 아무것도 할 수 없는 나약한 존재임을 말해주고 동생을 돌보는 일에 동참할 기회를 주면서 그것을 잘 해냈을 때는 첫째만을 위한 특별한 보상을 해주는 것이 좋다. 칭찬과 같은 언어 보상은 물론이고 둘째가 잠자는 동안에는 첫째가 원하는 방식으로 놀아주기, 잠들기 전에 첫째만을 위한 그림책 읽어주기, 주말에 아빠나 엄마가 첫째와 단둘이 바람 쐬러 가기 등을 하는 것이다.

형제자매간의 우애를 다룬 그림책을 보여주며 동생에 대한 생각을 나누어보는 것도 좋다. 그림책 속에 등장하는 다양한 오빠와 언니, 누나의 모습을 보며 아이들은 어떤 오빠, 어떤 언니, 어떤 형이 되어야 하는지를 차츰 알아간다.

동생이 첫째에게 그림책을 읽어주는 것도 해볼 만한 놀이다. 이는 집에서 소외당하는 기분을 느끼고 모든 게 동생 중심으로 흘러가는 것을 억울해하는 첫째의 마음을 어루만져주기 위한 활동이다. 잠깐이라도 동생으로부터 받은 상처를 동생을 통해 위로받는 시간이 필요하다. 그리고 형(언니/오빠/누나)이니까 동생에게 뭐든 해줘야 한다는 생각을 하는 동생에게는 반대로 첫째를 위해 할 수 있는 일이 무엇인지 생각해볼 기회를 준다.

● 형제가 주인공인 그림책을 읽어주자

그림책이 아이에게 주는 심리적 위로는 어른들이 상상하는 것 이상이다. 책을 보면서 아이는 책 속 주인공의 모습을 자신의 상황에 대입시키며 마음의 위안을 받는다. 가끔 '동생 탄생'을 주제로 한 다양한 그림책을 첫째에게 읽어주자. 책을 읽어줄 때 굳이 지금의 우리 집 상황과 비교하며 '부연 설명'을 덧붙일 필요는 없다. 책을 찬찬히 읽어주는 것만으로 아이의 마음은 차분히 정돈될 것이다.

● 형제가 같이 읽자

부모가 아이들을 위해서 개입하는 제일 나은 방법은 서로의 입장과 생각, 각자에게 바라는 바를 빈정대지 않고 솔직하게 이야기하는 기회를 만들어주는 것이다. 잘잘못을 가리거나 첫째와 동생의 책임과 의무가 무엇인지 말로 가르치는 것은 아무 도움이 되지 않는다. 처음에는 아이들 각자 따로 읽고 다음에는 두 아이가 마주 보고 앉은 상태에서 읽기를 진행하며 각자의 견해를 들을 기회가 갖는다.

● 형제간의 다툼 및 갈등 문제를 해결하자

요즘 아이들은 형제끼리 서로를 위해 자신을 희생하고 돌보아야 했던 예전 상황을 이해하지 못한다. 밭일하러 나간 엄마 대신 누나가 어린 동생을 업어 재우거나, 장에 간 엄마를 기다리며 보채는 동생을 업고 달래는 오빠의 이야기는 없다. 그러다 보니 부모의 사랑과 관심을 더 많이 차지하려는 것은 물론이고 장난감, 학용품, 옷, 게임기처럼 물질적인 것도 똑같이 가지려 떼쓰거나 마음에 드는 것에는 더욱 욕심을 부린다. 책 읽기는 이들 문제를 해결하는 대안이다. 갈등 상황을 어떻게 해결하는지 책을 통해 배운 아이들이라면 똑같은 상황에 처했을 때 조금은 쉽게 갈등을 해결할 수 있다.

● 형제가 서로 의지하며 두려움을 물리치게 하자

형제간의 갈등과 화해를 다룬 그림책 중 〈헨젤과 그레텔〉은 오빠와 동생이 위기 상황에서 같은 편이 돼 싸운다. 어느 한쪽이 일방적으로 양보하고 희생하는 구도가 아니라 위기 상황에서 오빠와 동생이 서로 의지하며 두려움을 물리치고, 기지를 발휘해 결국 행복을 찾게 되는 이야기를 통해 생각할 거리를 만들어줄 수 있다. 책을 보며 형제애를 느낄 수 있고, 서로에 의지하여 싸울 수 있는 용기를 얻기도 한다.

● 각자의 처지를 이해하는 과정을 가져라
첫째는 새로 태어난 동생 때문에 아빠 엄마의 관심과 사랑을 혼자 듬뿍 차지하는 시간이 부족하다. 그래서 자신이 첫째라는 것을 잊은 채 동생을 엄마의 사랑을 똑같이 차지하기 위해 싸워야 하는 상대로 생각하게 된다. 그럼에도 불구하고 동생은 첫째가 자신에게 양보하기를 바란다. 부모는 또한 첫째도 아직 엄마의 사랑과 관심을 받고 싶어 하는 아이라는 사실을 무시하기 쉽다. 그림책은 각자의 처지를 이해하는 통로가 된다.

● 마음 터놓기 활동을 하자
그림책을 통해 서로의 마음을 알게 된 데서 한 걸음 더 나아가 싸움을 멈추고 사이좋은 형제자매가 되기 위한 마음 터놓기 활동을 할 수 있다. 형(언니/오빠/누나)이 하는 말 중에 듣기 싫은 말, 동생이 하는 말 중에 듣기 싫은 말을 솔직하게 이야기해보는 것이다. 왜 서로에게 상처 주는 말을 하게 되었는지, 그런 말을 들을 때 기분이 어떤지 얘기해보는 것이다. 몰랐던 사실을 알게 되는 경우가 많다. 첫째가 동생에게 바라는 것과 동생이 첫째에게 바라는 것을 얘기해보자.

형제의 갈등을 다룬 대표 그림책

〈피에르와 기욤〉
마리-이자벨 칼리에 글, 에마 드 우트 그림, 김현좌 옮김, 봄봄출판사

피에르와 기욤은 쌍둥이 형제다. 그런데 피에르는 늘 기욤이 가진 것을 갖고 싶어 하고, 기욤은 늘 피에르가 가진 것을 갖고 싶어 한다. 그래서 마침내 엄마가 나섰다. 빨간색인 것은 모두 기욤에게 주고, 파란색인 것은 모두 피에르에게 주었다. 사실 둘은 아주 다르다. 밥 먹을 때나 그림을 그릴 때도 둘은 달랐다. 둘 사이에 말다툼이 나면 한 사람은 울고 또 한 사람은 화를 냈다. 색깔로 서로 구분하면서부터 다른 사람들도 둘을 혼동하지 않게 되었고, 기욤과 피에르는 똑같이 생겼지만 이 세상에 둘도 없는 특별한 존재라는 것을 알게 된다.

〈피터의 의자〉
에즈라 잭 키츠 글·그림, 이진영 옮김, 시공주니어

동생이 생기면서 느끼는 감정을 솔직하게 풀어낸 그림책. 피터는 동생 수지가 자는데 시끄럽게 논다고 엄마에게 꾸지람을 듣는다. 심통 난 피터를 부른 아빠는 피터의 식탁 의자를 동생에게 주겠다고 분홍색으로 칠한다. 더더욱 화가 난 피터는 자신의 의자를 발견하게 된다. 자신이 아끼는 장난감과 의자를 챙겨 밖으로 나간 피터는 더 이상 자신이 그 작은 의자에 앉을 수 없다는 것을 깨닫고, 의자를 여동생에게 주기로 마음먹는다. 작은 의자에 앉을 수 없다는 것을 통해 오빠의 자리를 받아들이게 된 것이다. 동생을 잘 돌보라는 부모의 잔소리보다 스스로의 깨달음이 아이를 움직일 수 있음을 알 수 있다.

〈터널〉
앤서니 브라운 글·그림, 장미란 옮김, 논장

성격과 취미가 달라 늘 티격태격하는 남매의 갈등과 화해를 다룬다. 생각하는 것, 좋아하는 것, 뭐든지 다르기만 한 여동생과 오빠. 둘은 사이좋게 지내려야 지낼 수 없는 운명을 타고난 것 같다. 하지만 이상한 터널을 만나 기괴한 모험을 하면서 남매는 화해를 하게 된다. 극적인 구성, 불가사의한 분위기, 자연스럽고 화려한 그림이 매혹적인 판타지 그림책. 일상적인 관계에 담긴 깊은 사랑을 새삼 일깨운다. 늘 다투기만 하는 아이들에게 권하는 책이다.

〈헨젤과 그레텔〉
그림형제 글, 앤터니 브라운 그림, 장미란 옮김, 비룡소

헨젤은 요즘 아이들과 같은 옷차림에 안경을 썼고, 그레텔은 빨간 코트를 입었다. 거실 텔레비전 속에는 비행기가 날아다닌다. 새엄마의 까만색 머리카락과 대비되는 빨간 립스틱이 눈길을 끈다. 안경을 쓰고 평범한 옷을 입은 마귀할멈도 새롭다. 이야기 초반에는 오빠인 헨젤이 동생을 보살피고 위로하지만 위기 상황에 빠진 후반에서는 그레텔이 기지를 발휘해 우리에 갇힌 오빠를 구해낸다. 익히 알고 있는 '헨젤과 그레텔' 이야기를 현대적으로 해석하여 색다른 재미를 주는 책이다.

〈나는 둘째입니다〉
정윤정 글·그림, 시공주니어

언니와 남동생 사이, 삼 남매 중 둘째로 태어난 윤정이. 아빠가 새로 사 온 스케치북은 동생 차지고 언니처럼 머리를 길러 예쁘게 묶고 싶은데 엄마는 윤정이 머리를 바가지 머리로 만들어버린다. 동생은 자기 말은 듣지 않고 언니는 만날 동생하고만 놀아주고. 윤정이는 혼자 놀다 지쳐 잠이 든다. 그런 윤정이의 책상 위에 놓인 사진에는 윤정이와 가족의 즐거운 한때가 담겨 있다. 늘 외톨이라 느끼는 둘째에게 엄마 아빠가 늘 둘째를 생각한다는 것을 느낄 수 있게 해주는 책이다.

추가로 볼 수 있는 그림책

동생이 태어나기 전 첫째에게 읽어주면 좋은 책
〈동생이 태어날 거야〉 (존 버닝햄 글, 헬린 옥슨버리 그림, 홍현미 옮김, 웅진주니어)
〈동생이 생긴 너에게〉 (카사이 신페이 글, 이세 히데코 그림, 황진희 옮김, 천개의바람)
〈네가 태어난 날, 엄마도 다시 태어났단다〉 (뱅상 퀴벨리에 글, 샤를 뒤테르트르 그림, 이세진 옮김, 비룡소)
〈네가 태어난 날엔 곰도 춤을 추었지〉 (낸시 틸먼 글·그림, 이상희 옮김, 내인생의책)

형제자매가 함께 보면 좋은 책
〈흔한 자매〉 (요안나 에스트렐라 글·그림, 민찬기 옮김, 그림책공작소)

〈자매는 좋다!〉 (파울라 메카프 글, 수잔 바튼 그림, 이동준 옮김, 고래이야기)
〈순이와 어린 동생〉 (쓰쓰이 요리코 글, 하야시 아키코 그림, 양선하 옮김, 한림출판사)
〈병원에 입원한 내 동생〉 (쓰쓰이 요리코 글, 하야시 아키코 그림, 이영준 옮김, 한림출판사)
〈우리는 쌍둥이 언니〉 (염혜원 글·그림, 비룡소)
〈형보다 커지고 싶어〉 (스티븐 켈로그 글·그림, 조세현 옮김, 비룡소)
〈내 동생은 괴물〉 (아녜스 드 레스트라드 글, 기욤 드코 그림, 박정연 옮김, 미래아이)
〈구름빵 동생이랑 안 놀아〉 (백희나 원작, GIMC, DPS 글·그림, 한솔수북)
〈나, 아기 안 할래!〉 (김동영 글·그림, 키다리)
〈왜 동생만 예뻐해?〉 (R.W. 앨리 글·그림, 노은정 옮김, 비룡소)
〈동생은 내가 좋은가 봐요〉 (크리스토프 르 만 글, 마리알린 바뱅 그림, 이주희 옮김, 시공주니어)
〈내 동생은 진짜 진짜 얄미워〉 (이은정 글, 조현숙 그림, 키즈엠)
〈의좋은 형제〉 (김용택 글, 염혜원 그림, 비룡소)
〈비밀이야〉 (박현주 글·그림, 이야기꽃)
〈장난감 형〉 (윌리엄 스타이그 글·그림, 김경미 옮김, 비룡소)
〈원숭이 오누이〉 (채인선 글, 배현주 그림, 한림출판사)
〈치프와 초코는 사이좋게 지내요〉 (도이 카야 글·그림, 김정화 옮김, 소년한길)
〈동생이 '뚝' 태어났어〉 (신희진 글·그림, 시공주니어)
〈내 동생 싸게 팔아요〉 (임정자 글, 김영수 그림, 미래엔아이세움)
〈엄마를 빌려 줄게〉 (최재숙 글, 강전희 그림, 미래엔아이세움)
〈달라질 거야〉 (앤서니 브라운 글·그림, 허은미 옮김, 미래엔아이세움)

조금 긴 글을 읽을 수 있는 형제가 보면 좋은 책
〈난 형이니까〉 (후쿠다 이와오 글·그림, 김난주 옮김, 미래엔아이세움)
〈내 동생 앤트〉 (베치 바이어스 글, 마르크 시몽 그림, 지혜연 옮김, 보림)
〈동생은 괴로워!〉 (크리스티네 뇌스틀링거 글·그림, 김경연 옮김, 풀빛)

아픈 형제자매가 있는 집에서 함께 보면 좋은 책
〈내 동생과 할 수 있는 백만 가지 일〉
(스테파니 스투브–보딘 글, 팸 두비토 그림, 한진영 옮김, 한울림스페셜)

〈내가 안 보이나요?〉 (실벤느 자우이 글, 시빌 들라크루아 그림, 김현아 옮김, 한울림스페셜)

동시집
〈내 동생〉 (주동민 시, 조은수 그림, 창비)
〈내 동생은 못 말려〉 (김종렬 글, 이상권 그림, 미래엔아이세움)

싸움에 대처하는 부모의 자세, 폭력은 처음부터 금지하라

　힘든 세상 서로 의지하며 지내라고 둘째를 낳았더니 아이들은 눈만 마주치면 싸우기 바쁘다. 미국 게젤 아동발달연구소의 연구에 의하면 형제는 나이 차가 적고 같은 성별일 때 갈등이 많다고 한다. 만 2~4세 아이들은 형제끼리 10분에 한 번꼴로 싸우고, 만 3~10세는 1시간에 3.5회 충돌을 일으킨다. 부모는 이런 일이 있을 때마다 어느 한쪽 편을 들 수도, 무조건 서로 잘못했다며 몰아붙이기도 찜찜하다.

　장난감, 과자, 옷, 신발 등 싸움의 원인은 다양하지만 형제자매간 싸움의 본질은 부모에게 인정받고 싶거나 스스로 자신의 정체성을 찾아가려는 발달 과정에 있다. 그래서 아이들 싸움은 엄마나 아빠가 같은 공간에 있을 때 주로 일어난다. 아이들은 싸우면서 부모에게 자기편을 들어달라는 무언의 메시지를 끊임없이 보낸다.

이때 중요한 것은 부모가 아이들의 작전에 말려들어 형제 중 한 명을 편들거나 일방적으로 혼내지 말아야 한다는 점이다. 한 아이가 달려와 형제를 일러바치며 혼내주길 바란다면 거기에 응해서 아이가 목적을 달성하도록 하지 말라는 얘기다. 어른 아이 할 것 없이 싸움에는 늘 각자의 주장이 있게 마련이고, 당사자 입장에서는 그 주장이 정당하다. 부모가 누구 편을 들어주면 상대편 아이는 억울함은 물론 자신이 부모에게 사랑받지 못한다고 느낀다. 형제간 싸움에서 부모는 '심판'이 아니라 싸움이 과격해지지 않도록 하고, 두 아이의 말을 경청하는 사람이어야 한다.

형제간 싸움이 부정적인 측면만 있는 것은 아니다. 아이들은 싸우는 과정에서 자연스럽게 문제해결력이나 양보 등을 배운다. 영국 케임브리지대학의 연구 결과에 따르면 첫째는 동생과 다투면서 쌓은 경쟁력을 바탕으로 사회에서 더 인기 있고 성공할 가능성이 높으며, 동생에게는 형과의 경쟁과 싸움이 사회성은 물론 어휘력과 감정 발달에 도움이 된다고 한다.

터울에 따른 대처

태어난 동생이 집으로 오는 순간 본격적인 싸움이 시작된다. 아무리 첫째를 챙긴다 해도 갓난아기인 둘째에게 더 많은 신경을 쓸 수밖에 없는 상황이다. 아이가 동생의 존재를 받아들이는 과정은 연령별로 조금씩 차이가 있다. 특히 큰아이가 2~3세라면 소유욕이 강하게 생기는 시기로 엄마에 대한 애착과 집착이 크기 때문에 사소한 행동이나 말 한마디에도 상처를 받기 쉽다. 따라서 연령에 맞는 대처가 필요하다.

연년생일 경우

터울이 거의 없기 때문에 동생과 함께 양육할 수 있다. 아직은 소유욕이 많지 않아 동생에게 자신의 것을 빼앗겼다고 여기지 않는다. 엄마와 어느 정도 애착관계가 형성되면 동생이 자연스럽게 집안의 일원이라는 것을 인지하고 쉽게 적응할 수 있다. 문제는 동생만큼 첫째도 엄마의 손이 필요하다는 점이다. 안아주기, 목욕 시키기, 재우기, 이유식 먹이기 등 기본적인 돌봄이 필요하므로 연년생이라면 주변의 도움이 필요하다.

2~3년 터울

시기적으로 세상이 자기중심으로 돌아간다고 생각하는 첫째는, 부모에게 자신은 절대적인 존재이며 동생은 자신의 영역을 침범한 침략자쯤으로 여긴다. 어느 정도 의사 표현을 할 수 있기 때문에 싸우는 정도도 심하다. 첫째에게 "동생은 힘이 없어서 혼자서는 아무것도 못 해. 그래서 엄마가 힘이 드니까 네가 좀 도와줄래?"라며 동생 육아에 참여를 유도해보자. 젖을 먹일 때 가제 손수건을 가져오게 하거나, 한 번 조심히 안아보게 하는 것도 좋다. 그러면 첫째는 동생은 아직 아무것도 못 하는 연약한 존재라는 것을 인식하고 엄마와 같이 자신도 동생을 돌봐야 한다는 것을 자연스럽게 느끼게 된다. 이 시기는 질투가 심하기 때문에 아기를 안아주기 전에 먼저 첫째를 안아주고, 엄마가 얼마나 사랑하는지 느끼도록 해주는 것도 중요하다.

4년 터울 이상
터울이 4살 이상 나면 어느 정도 독립심이 생기고 인지력과 판단력도 생기기 때문에 동생을 받아들이는 게 빠르다. 하지만 한창 어른의 행동을 따라 하는 시기인 데다 자신도 열심히 해보겠다는 의지가 강해서 동생에게 무의식적으로 해를 끼칠 수 있으므로 주의해야 한다. 부모의 사랑이 아직도 많이 필요한 때이므로 엄마와 단둘이 보내는 시간도 중요하다. 하루에 한 번 첫째와 산책하거나 그림책을 읽는 등 특별한 시간을 보내도록 하자.

형제자매끼리 싸울 때 해서는 안 되는 말
"누가 먼저 그랬어?"
이 말은 아이들에게 서로의 잘못을 '고자질'하라는 뜻과 다르지 않다. 상대편이 더 큰 잘못을 했음을 증명하기 위해 아이들은 그 짧은 순간 머리를 쥐어짜게 될 것이다. 엄마가 아이들 싸움의 심판이 되어서는 안 된다. "누가 먼저 그랬어?", "왜 그랬어!"라는 말로 잘못을 따지다 보면 첫째와 둘째가 서로 책임을 미루는 결과만 낳는다.

"둘 다 맞아볼래?"

아이들 싸움을 폭력이나 체벌로 다스리면 안 된다. 갈등 상황을 부모의 권위나 힘으로 제압하는 상황은 아이들에게 비뚤어진 힘의 논리를 심어줄 수 있다.

"오빠(형, 누나, 언니)니까 참아",
"동생이 왜 형(오빠, 누나, 언니)한테 대들어!"

싸움의 원인이나 경과, 마음과 관계없이 덮어놓고 서열로 해결하려고 하면 아이들의 자존감을 낮아지고 쓸데없는 경쟁심을 부추겨 형제간의 갈등은 더욱 깊어진다. 이렇게 되면 첫째의 입장에서 동생은 보호해야 할 존재가 아닌 경쟁자일 뿐이다.

"내가 못 살아!"

아이들은 다투면서 큰다. 싸우는 과정에서 문제해결력이나 양보심 등을 배우는 긍정적인 효과를 거둘 수도 있다. 형제간 싸움에서 부모의 역할은 부적절하거나 부당한 싸움이 되지 않도록 유도하는 것. 엄마나 아빠의 감정을 폭발시키는 것이 우선되어서는 안 된다.

싸우더라도 폭력은 용납하지 않는다

아이들은 자기 뜻대로 되지 않을 때 갑자기 소리를 지르거나 장난감 등을 던지거나 부수고, 형제자매를 때리는 공격적인 행동을 하는 경우가 있다. 이러한 행동은 자기가 원하는 것이 뜻대로 되지 않거나 아직 그 일을 할 수 있는 능력이 없을 때 분노와 좌절감으로 발생하게 된다. 아이가 필요로 하는 것을 들어주는 사람이 아무도 없으면 과잉반응이 공격적인 행동으로 발전할 수 있다. 분노와 함께 공격적인 행동의 대상은 처음에는 부모에게 향하지만 아이가 좀 더 자라면 형제자매에게 향하게 된다.

폭력으로 감정을 표출하는 경우는
첫째, 성별로는 여자아이보다는 남자아이가 많고,
둘째, 체격으로는 몸집이 작은 아이보다는 몸집이 큰 아이에 많고,
셋째, 성격으로는 조용한 아이보다 많이 활동적 아이, 신경질적이거나 격렬한 아이에게 많으며,
넷째, 환경적 요인으로, 소가족보다는 대가족에서 자란 아이, 부부관계가 갈등적인 환경에서 자란 아이, TV에서 폭력적인 행동을 많이 보았거나, 친구들과 격하게 논 아이에서 더 많이 발생하며,
다섯째, 부모가 감정적으로 체벌하는 경우에도 행동을 모방하여 난폭한 행동이 나온다.

자매의 경우는 덜하지만 형제의 경우는 단순한 다툼도 주먹다짐으로 가는 경우가 많다. 폭력성은 성장하면서 바뀌는데, 여자아이인 경우에 6세 정도면 난폭한 행동이 없어지며, 남자아이는 3~6세

사이에 생겼던 난폭한 행동이 청소년기까지 이어지기도 한다. 간혹 '사내아이들이니까' 하고 내버려두는 부모도 있는데, 어떤 경우라도 말로는 싸울 수 있어도 폭력은 안 된다는 것을 분명히 해야 한다. 아이가 공격적이고 난폭한 행동을 할 때는 원인과 동기를 파악하여 갈등을 이해해주고 해소해주어야 한다.

● 분노를 다스리도록 돕는다

형제들끼리의 갈등은 스스로 해결하게 하는 것이 가장 좋다. 일단 아이들이 싸울 때 별 관심을 보이지 말아야 한다. 싸움은 아이들 스스로 억울하다고 생각할 때 일어난다. 따라서 상대의 잘못을 부모에게 고자질하게 되고 그러다 보면 자신의 잘못을 합리화하게 된다. 이럴 때 부모는 아이들 나름대로 억울함을 똑같이 들어주고 똑같이 공감해주되, 누구의 편도 들어주지 않는다.

● 아이들을 떼어놓는다

심한 욕을 퍼붓거나 주먹을 휘두르는 싸움은 막아야 한다. 이때는 아이들을 분리하고 현장에서 떨어뜨려 놓으면 아이들은 자신의 행동을 되돌아보게 된다. 부모가 개입하지 않고 아이들끼리 스스로 갈등을 해결하다 보면 자신의 잘못을 보게 된다. 서로 타협하고 합리적 해결점을 찾을 수 있다. 필요하다면 엄마(아빠)와 1:1로 이야기를 나눈다.

● 공격한 쪽이 아니라 당한 쪽에 관심을 준다

싸움이 나면 공격한 아이를 야단치느라고 공격당한 아이는 무시한 채 공격한 아이와 이야기하는 경우가 많다. 공격당한 아이에게 관심을 갖고 공격한 아이는 무시하는 것이 오히려 싸움의 횟수를 줄일 수 있다. 공격당한 아이를 먼저 위로해야 공격한 아이가 자기가 한 행동이 부모의 관심도 못 끌고 재미도 없다고 인식하게 된다.

● 아이들과 함께 대안을 찾아라
우선 두 아이의 감정을 읽어주고 아이들의 이야기에 귀를 기울인 다음 갈등을 해결할 수 있는 방법을 각자 내놓도록 유도한다. 이때 각자 자기 의견을 표현할 수 있도록 말하는 순서를 정해줘라. 서로 의견을 교환하면 각자의 의견에 어떤 장점이 있는지 알 수 있다.
"너희들 모두 화가 났구나. 싸우지 않으려면 어떻게 하면 좋을까? 의견을 두 가지씩 말해볼까?"
그중에서 한 가지를 선택했을 때 어떤 결과가 생길지 생각해보게 한다. 그래도 자신의 주장을 굽히지 않는다면 아이의 제안을 받아들인 후 어떤 일이 생기는지 직접 체험하게 한다. 2~3일 후 불편한 점에 대해 이야기하다 보면 형제자매간에 잘 지내야 하는 이유를 스스로 깨닫게 된다.

● 공평하게 대하되 똑같이 대우해서는 안 된다
공평하게 대하는 것과 똑같이 대하는 것은 다르다. 아이마다 성별, 발달 연령, 기질 등이 제각각이라는 사실을 고려해야 한다. 이것을 무시한 채 모든 기회나 방법을 똑같이 적용하는 것은 공평한 것이 아니다. 남자아이와 여자아이, 뛸 수 있는 아이와 이제 겨우 걸음마를 배우는 아이, 기질이 까다로운 아이와 순한 아이 등 저마다의 특성에 따라 대우는 달라져야 한다. 네 살 아이에게는 일곱 살 아이보다 스스로 선택하는 범위는 더 좁게, 지켜야 하는 기준은 더 낮게 잡아줘야 한다.

양보를 가르치자

첫째의 마음

부모는 둘째가 태어나면 첫째가 이 상황을 잘 받아줄 거라 믿는다. 둘째를 얻은 기쁨에 첫째가 아직 어리다는 사실을 잠시 잊고 있다. 아기인 둘째는 수유를 하고 씻겨주고 안아주면 되지만 첫째는 그것만으론 부족하다. 사랑과 관심을 끊임없이 원하는 건 아이들의 본성이다.

첫째의 성격은 새로 태어난 동생을 상대하면서 형성된다. 누구라도 그렇겠지만 특히 첫째는 주목받지 못하는 상황을 맞닥뜨릴 때마다 슬퍼진다. 엄마가 아기의 기저귀를 가는 동안 밖에서 기다리고 있는 첫째의 모습을 상상해보자. 엄마는 첫째에게 "곧 갈게"라고 말하지만 그것은 아무 의미가 없다. 첫째는 너무나 슬프며 이 느낌을 엄마가 알아주길 바란다. '자신을 사랑해주지 않는 데' 대한 슬픔 말이다. 물론 첫째도 엄마가 약속을 지킬 것이고 동생이 잠이 들면 자기 차례가 올 것을 안다. 그 시간이 오기를 손꼽아 기다린다.

간혹 첫째 중에는 관심을 끌기 위해 소동을 일으키기도 한다. 이 경우에 엄마들은 꾸짖지 말고 아무 일 없었다는 듯이 그냥 넘어가는 것이 좋다. 첫째 스스로 잘못을 뉘우칠 것이기 때문이다. 또한, 첫째에게는 꾸중보다 칭찬이 효과적이다. 반면에 눈치가 있는 첫째는 아기를 침대에 눕히는 일을 도와주며, 엄마를 기다리는 동안 그림책을 읽는다. 그에 따르는 보상은 그동안의 모든 불안을 없애주고도 남기 때문이다. 엄마는 그를 무릎에 앉혀놓고 과자를 주며 "도와줘서 고맙다"라고 말한다. 그 결과 많은 첫째가 사랑을 성취하게 되며 인정과 칭찬을 받게 되는 것이다. 그래서 첫째는 미래를 중시하며 인내를 갖고 기다린다. 이것은 어린 시절 엄마를 기다리며 획득한 태도이다.

둘째의 고자질

물론 첫째로서 양보하고 배려하는 것이 필요할 수도 있지만 첫째의 욕구나 감정이 무시된 채 양보와 기다림(참음)을 강요받게 되면 오히려 동생에 대한 미움과 분노가 커질 것이다. 그리고 이러한 개입은 부모의 권위를 사용하는 것으로, 이를 반복하다 보면 시간이 지남에 따라 부모의 권위가 형제 서로에 대한 관계로 내면화되기 쉽다. 그러다 보면 결국 동생은 첫째의 권위를 넘보게 되어 첫째에게 대드는 경향이 커지고, 첫째는 부모가 동생을 편애한다고 인식하여 형제간 다툼이 더욱 잦아지고 형제관계뿐만 아니라 부모와 자녀관계도 나빠지게 된다.

둘째는 부모가 자신에게 먼저 관심을 가진다는 것을 알기 때문에 첫째가 자기에게 못되게 굴면 바로 고자질한다. 고자질도 습관이 될 수 있다. 이때 부모가 고자질한 아이의 의도대로 움직이면 안 된다.

"오빠에 관해 그런 식으로 얘기하는 건 좋지 않아. 넌 네 얘기만 하면 어떨까?"

아이가 이런 말을 들으면 고자질이 별로 효과가 없다는 걸 알게 된다. 아이들에게 자기 행동에 대한 책임을 지게 하면 고자질을 하지 않을 것이다. 단, 예외로 둘 것은 위험한 일을 할 때다. 아이들 일은 스스로 해결하는 것이 마땅하지만 누군가 위험한 일을 하는 것을 봤다면 최대한 빨리 부모에게 알려야 한다. 가족은 서로 보호해줄 의무가 있으니까 이런 고자질은 필요하다.

따라서 아이들이 싸울 때 어느 한쪽 편을 들기보다는 스스로 해결하도록 유도하는 것이 좋다. 부모는 감정이 격앙되겠지만 꾹 참고 아이들의 반응을 보자. 물론 아이들이 잘 해결할 거라고는 기대하기 어렵다. 그렇지만 아이들에게 "너희들이 충분히 잘 해결할 거라고 엄마는 믿는다"라고 이야기하라. 그러면 첫째도 둘째와 타협을 시도할 것이다. 첫째가 자초지종을 설명하고 둘째가 이해하면 자연스럽게 넘어갈 수 있다. 서로 이야기하며 대안을 찾으려는 노력만으로도 형제간의 갈등을 줄일 수 있다. 부모가 누구의 편도 들어주지 않은 것이 효과를 발휘하는 것이다.

착한 아이

아이들은 부모가 원하는 대로 행동하려고 한다. 부모 중에는 자유의지 없이 부모의 생각대로만 움직이는 착한 아이를 원하는 권위적인 부모도 있다. 이들 부모가 원하는 것은 시키는 대로 입고, 시키는 대로 하는 아이다. 이렇게 되면 자기 의지를 가지고 부모의 생각대로 움직이지 않는 아이는 나쁜 아이가 된다. 권위적인 부모에게 자기만의 생각이나 신념을 가진 아이는 거북한 존재일 수밖에 없다.

권위적인 부모 밑에서 자라는 아이들은 크게 두 부류로 나뉜다. 하나는 부모의 말에 무조건 따르는 순종적인 아이, 다른 하나는 자기 생각대로 움직이는 소신 있는 아이이다. 성향이 서로 다른 형제 사이에는 마찰이나 대립이 발생하기 쉬운데, 이때 권위적인 부모는 순종적인 아이와 한편이 되어 소신 있는 아이를 공격하고 소외시킬 수 있다. 권위적인 부모는 자신이 생각하는 이상적인 모습을 아이에게 강요한다. 이때 사랑받는 '착한 아이'의 최우선 조건은 부모가 원하는 분야에서 뛰어난 모습을 보여야 한다는 것이다. 그런 아이만이 권위적인 부모를 충족시켜줄 수 있다. 그러면 아이에게 거는 기대도 커진다. 아이는 권위적인 부모의 기대에 부응하기 위해 노력하여 나름의 성과를 거두기도 한다. 부모에게 사랑받고 싶은 절실한 바람 때문이다. 이 과정이 지속해서 순조롭게 이어지면 사회적인 성공을 거두고 주위의 인정을 받는다.

그러나 권위적인 부모가 아이의 성공을 위해 아이가 무슨 짓을 하든 눈감아주는 양육방식을 택하면 문제가 생긴다. 그렇게 자란 아이는 타인에 대한 배려심을 갖기 어렵다. 대신 자신의 이익과 성과만 챙기려는 이기적인 인물이 되기 쉽다. 그 결과 피해를 보는 것은 가족을 비롯한 주변 사람들이다. 배우자, 아이, 형제자매 등 누구나 피해자가 될 수 있다. 아이들한테 항상 착한 행동을 요구하는 건 큰 부담이 아닐 수 없다. 그 아이 또한 화가 나면 화를 내고 짜증을 낼 권리가 있다는 것을 부모가 알아야 한다.

첫째와 둘째가 양보의 문제로 다툼이 있을 때는 다음을 고려해야 한다.

● **아이의 마음을 읽어주어라**
"소라가 네 곰 인형을 빨아서 화났구나."
"유정이도 아기가 되고 싶구나. 아기는 엄마 아빠가 뭐든 다 해주니까."
이렇게 아이의 마음에 공감해서 말해준다면 아이는 부모가 자신의 감정을 알아줬으므로 마음에 상처가 남지 않는다. 아이의 마음에 대한 부모의 관심은 적대감이나 공격성을 줄이는 데도 효과가 있다. 아이의 감정을 이름 붙여주는 것만으로도 아이는 자신의 감정에 대한 불확실성이 해소되므로 편도체를 가라앉힐 수 있다.

● 감정을 표현할 시간을 주어라
아이는 두 가지 상반된 감정을 느끼고 있다. 형을 싫어하는 감정뿐만 아니라 좋아하는 감정도 있다. 그래서 어떤 때는 형이 좋다가도 또 어떤 때는 형이 미워 죽을 지경이 되는 것이다. 감정은 표현되어야 가라앉는다. 아이에게 그런 감정을 표현할 기회를 주어야 한다. 아이에게 화난 마음을 그림이나 찰흙, 베개로 표현해보라고 하라. 그리고 아이의 감정을 엄마가 대신 이야기해주는 것이다.
"온통 까만색으로 칠해 놓은 걸 보니 너 단단히 화가 났구나."

● 형제 각자의 입장을 말로 표현해주자
"지희는 색연필이 없어서 숙제를 못 하고, 지연이는 지금 색칠하고 있어서 색연필을 못 주는 거구나."
"짜증이 났겠구나. 동생이 네가 공부할 때만큼은 조용히 해주었으면 좋겠지?"
아이의 입장을 알아주고 그렇게 행동한 이유를 표현해주는 것은 아이에게는 커다란 심리적 보상이 된다. 아이는 자신의 뜻이나 생각을 알지 못할까 봐 불안해하기 때문이다. 그런 불안이 없어지면 아이는 마음이 편안해져 자기 행동을 돌아보게 되고 자신의 잘못도 깨닫게 된다.

● 부모의 입장을 이야기하자
"엄마도 같이 해보자. 그럼 우리 셋이 더 멋지게 만들 수 있을 거야."
"내가 보기에는 숙제가 더 중요한 것 같은데."
아이들이 스스로 문제를 해결하더라도 부모의 뜻을 아는 것은 중요하다. 부모가 아이의 말을 대변해주어 마음이 풀렸을 때 부모의 생각이나 입장을 이야기해주면 아이들은 객관적으로 자신을 돌아볼 수 있다. 아이들은 더불어 사는 법을 알 뿐만 아니라 서로에게 상처를 주지 않고도 문제를 해결해나갈 수 있다.

● 대안을 생각하게 하자
"오빠 때문에 네가 화났다는 건 알겠는데 이따가 저녁 먹은 다음에 하면 어떠니?"

"너희 둘이 이 문제를 잘 해결할 수 있을 거라 믿어."
일단 아이들이 느끼는 것이나 주장하는 것을 경청한다. 서로 반박할 시간을 주고 아이들의 이야기를 평가하지 말자. 서로 타협할 수 있는 방법을 말해주거나 아이들이 그 상황을 어떻게 해결해야 할지 둘이 해결할 수 있도록 시간을 준다. 아이들이 문제를 스스로 해결할 수 있을 때 그것을 기뻐하고 칭찬한다.

● **물건은 나눠써야 한다는 것을 가르쳐라**
"오늘 엄마가 레고를 사왔어. 너희끼리 함께 가지고 놀 방법 좀 생각해볼래?"
실제로 아이들에게 물건을 나눠써야 한다는 것을 가르치는 것은 무척 중요하다. 장난감도, 공간도, 시간도, 물건도 나누어야 한다. 그리고 나눌 때의 기쁨이 얼마나 큰지도 알려주어야 한다. 하지만 억지로 나누라고 하면 아이들은 오히려 더 집착하거나 불만이 생길 수 있다. 규칙이나 규범을 말해주자. 따로 할 때보다 함께할 때의 좋은 점을 말해주는 것도 방법이다.

경쟁적으로
거짓말하는 아이들

형제자매의 갈등 중에는 고자질도 중요한 요인이다. 고자질은 본인이나 다른 형제의 분노를 촉진하는 수단이다. 한 아이가 먼저 부모에게 달려가 사실을 알리는 순간, 다른 아이는 이미 싸움에서 적이 한 명 더 생겼다고 오해하기 시작한다. 그래서 거짓말을 하거나 나쁜 행동으로 반격해 부모에게 억울한 누명을 쓰게 된다.

엄마: "너, 또 동생 울렸지?"
동생: "오빠가 내 거 다 망가뜨렸어!"
오빠: "아니야!! 난 내 것 만들고 있었어. 수진이가 만든 건 안 건드렸다고."
동생: "오빠가 내 빨간 블록 갖고 갔잖아."
오빠: "대신 파란 거 줬잖아."

두 아이의 실랑이를 들으면 상황이 비로소 이해될 것이다. 오빠가 동생 것을 빼앗았고, 그 과정에서 동생 것이 망가진 것이다. 오빠가 번번이 이런 일로 동생을 울리니 엄마는 이번에는 단단히 혼을 내야겠다 싶었다.

오빠: "아니야, 난 수진이 거 안 부쉈어!"

엄마는 더욱 화가 난다. 부쉈으면 부쉈다, 때렸으면 때렸다 솔직하게 말하면 그나마 나을 텐데 거짓말을 하면 더욱 용서가 안 된다. 누구보다도 반듯하고 사회성 있게 키우려고 했는데 다른 것도 아니고 거짓말을 하다니 애가 커서 뭐가 되려나 싶은 걱정도 된다. 앞뒤 정황과 눈 앞에 펼쳐진 장면, 아이의 이전 행동 몇 가지만 조합해보면 금방 드러나는데 아이는 한사코 부정한다. 그러나 아이의 거짓말은 단순히 현상만으로 판단해서는 안 된다. 아이의 나이와 당시 정황, 부모의 반응과 같은 다양한 요소가 영향을 미치기 때문이다.

아이가 거짓말을 할 때

만3~4세 이전의 아이들은 현실과 상상을 완전히 구분하지 못한다. 만 1세~2세의 아이들은 거짓말과 진실을 구분하는 것에 대한 개념조차 없다. 그렇기 때문에 아이들은 종종 죄책감 없이 거짓말을 하곤 한다. 아이들이 거짓말을 하는 이유는 다음과 같다.

상황의 모면

아이들은 어떤 행동의 결과가 부모에게 야단맞거나 꾸중을 들을 것 같으면 그것을 덮기 위해 거짓말을 한다. 또한, 하기 싫거나 귀찮거나, 또는 흥미 있는 일이 아닐 때 거짓말을 하게 된다.

목적의식

어떠한 것을 꼭 가져야겠다는 목적의식이 생기면 거짓말을 하기도 한다. 가져야겠다는 생각이 들면, 필요 없는 장난감을 보고서도 꼭 가져야 한다고 우긴다. 갖고 싶은 욕심에 이성적 판단을 하지 못하는 것이다.

무의식적인 반응

어쩌다 실수로 잘못한 일이 생기게 되면 자신도 모르게 무의식중에 거짓말을 하게 된다. 자신이 거짓말하는 것조차 모르는 것이다. 자신의 실수에 압도되어 본능적으로 이루어지는 거짓말이다.

기억력 부족

유아들은 자신이 한 모든 행동을 기억하지 **못**한다. 그래서 벽에 낙서를 해서 야단칠 때 자신이 낙서하지 않았다고 말하기도 한다. 이런 경우 거짓말을 하는 것이 아니라 자신이 낙서했다는 사실 자체를 잊어버렸기 때문일 수도 있다.

활발한 상상력

3~5세 무렵의 아이들은 현실과 상상의 경계가 모호하다. 이 무렵 아이는 매우 창의적이며 자신의 상상이 현실이라고 믿는 경우가 많다. 장롱 안에 괴물이 살고 있다고 생각하거나 상상 속의 친구가 실제로 존재한다고 믿기도 한다. 상상 속의 친구와 이야기하는 일도 흔하다.

착한 아이 신드롬

부모가 자신을 착하고 말을 잘 듣는 아이라고 생각한다는 것을 인식하게 되면, 아이는 자신을 착한 아이라고 믿기 시작한다. 그리고 무언가 잘못을 저질렀을 때 자신이 잘못했다는 사실을 부인하고 싶어 한다.

● 여유를 가지고 아이의 거짓말을 끝까지 잘 들어주어라

거짓말을 하는 것은 만 2세 정도의 아이에게 나타나는 지극히 정상적인 발달 단계이다. 이 시기에 아이가 거짓말을 한다고 해서 크게 해로울 것은 없다. 아이가 거짓말을 한다고 해서 커서 거짓말쟁이가 되는 것은 아닐까 하는 걱정을 할 필요도 없다. 아이가 실수했을 때 무조건 혼내고 꾸짖기보다는 왜 그런 일이 일어났는지 상황 설명과 사실을 듣도록 하자.

● 상상 속의 친구에 관해 이야기하라
상상 속의 친구는 아이의 성장 과정에서 중요한 역할을 한다. 상상 속의 친구가 있다는 것은 아이의 상상력이 제대로 발달하고 있음을 의미한다. 아이는 자신이 잘못을 저질렀을 때 상상 속 친구에게 책임을 전가하기도 한다. 아이가 상상 속의 친구 이야기를 할 때는 당황하지 말고 자연스럽게 상상 속의 친구에 관해 이야기를 나누면서 마음을 읽어주자.

● 진실을 말하도록 격려하라
24개월이 지난 아이가 거짓말을 한다고 해서 혼을 낼 필요는 없지만 정직하게 사실을 말해야 한다는 것을 천천히 가르쳐야 한다. 아이가 잘못한 것을 사실대로 말할 때 화를 내지 말고 정직하게 이야기해줘서 고맙다고 말해주어라. 특히 아이가 진실을 얘기하거나 있었던 일에 관해서 얘기할 때는 칭찬하고 경청해주어야 한다.

● 비난하거나 화내지 마라
만약 사실대로 말한 것에 대해 소리를 지르고 화를 낸다면, 아이는 정직하게 말하는 것이 좋지 않다고 생각하게 된다. 아이를 비난하지 말고 편안하게 사실을 말할 수 있도록 부드럽게 대화를 나눠라. 아이가 낙서했을 때 "누가 이렇게 낙서했어?"라고 화내기보다는 "거실 벽에 온통 크레파스로 그림이 그려져 있네. 네가 그린 거니?" 하는 식으로 말하라.

● 아이에게 과한 부담을 주지 마라
아이에게 너무 많은 기대를 하거나 엄격한 규칙을 만들어 부담을 주는 것은 좋지 않다. 어린아이들은 규칙을 잘 이해하지도 못할뿐더러 잘 지키지도 못한다. 아이에게 지나친 부담을 주면 부모를 실망시키지 않기 위해 거짓말을 할 수도 있다. 아이가 설사 잘못한 일이 있더라도 다시는 그런 일이 일어나지 않도록 상의하고 노력하다 보면 거짓말은 줄어든다.

● 상호 신뢰를 쌓아라
아이에게 부모는 믿을 수 있는 존재임을 느끼도록 해주고 부모 역시 아이를 믿는다는 것을 알게 해주어라. 정직함을 가르치고 싶다면 부모부터 아이에게 본보기를 보여야 한다. 평소 부모가 아이에게 거짓말을 많이 하면서 아이가 거짓말을 하지 않기를 기대할 수는 없다. 아이와 약속을 했을 때는 반드시 지키고, 지키지 못했을 때는 사과를 해야 한다.

체벌로 아이를 다루려 하지 마라

　부모가 아이들에게 늘 최상의 교육자와 양육자의 역할을 하기는 어렵다. 특히 형제자매를 키우는 부모는 일상생활에서 챙기고 해야 할 일들이 산더미처럼 쌓여 있다. 부모의 양육 스트레스가 해결되지 않고 쌓여 있다가 어느 순간, 폭발하게 된다. 형제를 키우는 데 있어서 부모의 과도한 양육 스트레스는 양육효능감을 떨어뜨려 자신의 감정에 쉽게 휘둘리게 한다.

　아이들이 잘못 생각하고 행동했다면 함께 고민하고 문제를 해결해야 한다. 갈등이 일어났을 때 부모가 화를 내고 충동적으로 체벌을 하게 된다면 아이는 커가면서 문제 해결 방법으로 폭력을 사용할 가능성이 커진다. 아이들은 부모를 믿고 따를 만한 존경스러운 사람으로 생각하기보다는 자신에게 공포와 고통을 주고 화를 내고 분노하는 대상으로 여길 것이다. 특히 아빠들은 극단적으로 나가는 경우가 많다. 다혈질에 고집스러운 기질의 아이인 경우 아빠와 부딪히는 일이 많다. 아이가 계속 고집을 부리면 아빠는 아이 고집을 꺾어야 한다며 아이를 심하게 때리거나 집 밖으로 쫓아내는 일도 있다. 엄마는 아빠가 왜 아이들이랑 똑같이 고집을 부리는지 이해할 수가 없고 아이가 너무 안쓰러워 아빠와 자주 다투기도 한다.

체벌의 뇌과학적 의미

형제자매간의 싸움은 자연스러운 현상이다. 부모는 "엄마 아빠는 첫째도 사랑하고 둘째도 사랑해"라는 메시지를 지속적이고 일관성 있게 보내야 한다. 무엇보다 아이들에게 충분히 사랑을 표현해야 한다.

부모가 너무 바쁘거나 아이에게 애정 표현이 인색하면 더욱 자주 싸우게 된다. 그러면 부모가 체벌에 의존하기도 한다. 그러나 체벌은 부모가 화가 났을 때 자신의 감정을 다스리지 못하고 합리적이지도 않고 일관성이 없는 상태에서 나오는 경우가 많기 때문에 아이에게 도움이 되지 못하고 오히려 아이의 공격적인 행동을 조장할 수 있다. 따라서 부모가 체벌에 의존하지 않고 아이들을 훈육하려면 뇌과학적 이해에 기반을 두고 문제를 해결해야 한다.

체벌을 떠올리기 전에 다음을 염두에 두면 좋겠다.

상하위뇌 통합

TV나 영화 등 폭력적인 장면에 노출되지 않도록 하고, 형제자매들끼리 평소 너무 격하게 놀지 않도록 하며, 집안이 부부간의 갈등으로 소란한 환경이 되지 않도록 하고, 집안에서 갈등이 있을 때 부모가 아이들 앞에서 먼저 감정을 조절하고 조심하는 행동을 보여주어야 한다. 감정의 뇌가 먼저 조절되어야 이성의 뇌가 기능할 수 있다.

좌우뇌 통합

아이들에게 갈등과 분노가 생겼을 때 그 문제를 해결해나가는 방법을 아이들과 같이 신체놀이를 하거나 역할놀이를 하면서, 또는 그림책을 읽어주거나 동영상을 같이 보면서 가르칠 수 있다. 우뇌를 일단 달랜 다음 좌뇌적으로 가르치면 효과적이다.

자아 통합

아이들에게 체벌을 하는 순간, 아이들은 자신의 행동의 옳고 그름보다는 부모에게 맞았다는 것만 기억하게 된다. 아이들은 무엇이 잘못되었는지 알지 못하고 오히려 부모에 대한 공포감이나 미움을 느낄 수 있다. 또한, 아이들은 체벌이 있을 때 자기가 잘못한 행동에 대해서 깨닫기보다는 그 상황을 어떻게 하면 피하게 되는가를 빨리 배우게 되어 부모가 체벌하는 근본 목적에서 벗어날 뿐 아니라 부모가 없는 상황에서는 아무런 제약 없이 공격적인 행동이 그대로 나오게 된다. 체벌은 이렇게 옳고 그름을 인식하게 하지 못하게 만든다. 따라서 아이에게 옳고 그름을 알게 하려면 체벌이나 아이의 자아에 대한 비난보다는 아이의 행동에 대한 감정이 섞이지 않은 지적을 하여야 한다.

따라서 어떠한 경우라도 체벌은 옳지 않다. 체벌이 아니라 긍정적 강화의 원리에 따라 좋은 행동을 유도하도록 노력해야 한다. 좋은 행동으로 수정할 방법이 없을 때는 단호하게 꾸짖음으로써 아이의 일상생활에 큰 변화를 일으킬 수도 있다. 지금까지 혜택을 받았던 것을 잠시 중지하거나 말로 꾸짖거나, 벌을 주면서 아이들이 자기의 감정을 조절할 수 있는 시간을 주는 것이 더 효과적이다. 아이들에게 벌을 줄 때는 장시간에 걸쳐 주는 것보다는 부모가 왜 이렇게 하는지 간단명료하게 설명을 하고 5~15분이 넘지 않도록 하는 것이 좋다.

그렇지만 말을 잘 안 듣는다든지 형제자매와 다투는 등 일상적인 행동에 일일이 벌을 주는 것은 좋지 않다. 더구나 "또 그렇게 하면 맴매할 거야" 하는 식의 협박성 경고는 일시적인 불안을 가중할 뿐 곧 잊어버리기 때문에 좋은 행동을 강화하는 데는 전혀 도움이 되지 않는다.

위급 상황에서도 체벌보다는 엄정한 경고

매우 위급한 상황일 때 그 상황에서 벗어나려면 어떻게 해야 하고, 평소 조심하는 것이 중요하다는 것을 아이에게 인식시키려면 어떻게 해야 할까?

예를 들어, 아이가 무심코 가스레인지 불 쪽으로 손을 대려고 할 때 엄마는 아이의 손을 강하게 잡아 엄마 쪽으로 끌어올 수 있다. 화상을 입거나 불을 조심해야 한다는 것을 분명하게 알리는 게 필요하기 때문에 아이와 눈을 맞추고 "안 돼" 혹은 "앗 뜨거워" 등의 뜻을 가르쳐준다. 아이들은 엄마의 거칠고 큰 목소리를 듣거나 엄마가 자신의 손을 잡아 엄마 쪽으로 끌며 "안 돼" 혹은 "앗 뜨거워"라고 말하는 것을 통해 그 말뜻을 배우게 된다. 말을 할 수 있는 나이의 아이라면 그 다음, 불 앞에 가면 안 된다는 것을 아이가 반복해서 말할 수 있게 한다. 정말 중요한 일임을 알려 위험에서 벗어나게 하고, 그것을 아이가 반복해서 말할 수 있도록 하는 것을 기억하자.

동생 때문에 떼쓰는 첫째 아이, 어떻게 대해야 할까

첫째 아이는 동생이 태어난 것을 반기는 긍정적인 반응과 함께 그동안 혼자 받아왔던 부모의 관심과 한정된 가족 자원을 동생과 나눠야 하는 상황에 대해 심리적으로 스트레스를 받게 된다. 이러한 심리 정서적 부담으로 인해 첫째 아이는 잘 가리던 소변을 가리지 못하는 등의 배설문제나 울고 매달리는 등의 더 어린 나이로 돌아가는 퇴행 행동을 보이기도 한다. 특히 드러누워 떼를 쓰는 일이 많다.

떼쓰는 첫째 아이의 유형

"무조건 업어달라고 떼를 써요"

자기도 동생처럼 엄마한테 업히고 안기고 싶기 때문이다. 부모의 사랑을 확인받고 싶은 심리도 크다. 이때는 업어주기 놀이를 함께 하면 효과적이다. "동생은 엄마가 업을 테니 너도 인형을 한번 업어

줘"라며 자연스럽게 유도하라. 만일 아이가 거부한다면 조금 힘들더라도 수시로 첫째를 안아주자. "동생은 지금 자고 있으니까 진수를 꼭 안아줘야겠네"라며 자주 안아주면 아이는 자신이 충분히 사랑받고 있다는 느낌을 받게 되므로 떼쓰기가 자연스레 줄어든다.

"자기 것은 자기 거, 동생 것도 자기 거라고 우겨요"

자신의 물건을 동생에게 빼앗기고 싶지 않은 심리를 표출하는 것이다. 심한 경우 친구는 물론 엄마 아빠의 물건조차도 본인의 것이라며 떼를 쓰기도 한다. 이는 공허한 마음을 사물로 채우려는 심리적 행동이므로 아이의 마음을 읽어주는 것이 우선이다. "네가 만져보고 싶구나. 동생 것은 엄마한테 물어보고 만져보렴"이라고 말한 뒤 아이와 함께 동생에게 물건을 가져다주는 연습을 하자. 아이가 좋아하는 물건들을 상자에 담아서 아이 것이라는 표시를 해주고 원하는 위치에 두는 것도 좋은 방법이다. 첫째는 소중한 자신의 물건을 원하는 장소에 둔다는 것만으로도 심리적으로 안정감을 찾는다.

"칭찬받지 않으면 너무 신경을 쓴다"

첫아이라 먹거리 하나까지 일일이 신경을 써줬다. 평소에 "너는 뭐든지 잘할 수 있어, 그래 소윤이가 최고지"라고 늘 말했는데, 아이가 언제부터인가 엄마를 실망시키지 않기 위해 눈치를 보고 스트레스를 받는다. 유치원에서 그림을 그려서 칭찬받지 않으면 너무 신경을 쓴다. 아이에게는 과정의 중요성을 느끼고 과정을 즐기도록 해주어야 한다. 실제로 결과가 좋을 때뿐 아니라 아이가 한계에 부딪혀 어려움을 겪을 때라도 노력하는 과정에 대한 칭찬을 아끼지 않아야 한다.

"동생은 그냥 봐주면서 나한테만 뭐라고 해"

첫째는 항상 뭔가 억울하다고 얘기한다. 첫째가 소외감을 느끼지 않도록 배려하자. 엄마가 아기에게 젖을 먹일 경우에는 아빠는 첫째와 함께 놀아주어 똑같이 보살핌을 받고 있다는 느낌이 들게 해야 한다. 엄마 아빠가 자신과 동생 모두를 똑같이 사랑한다는 것을 알게 해주어야 한다. 첫째의 어릴 적 사진이나 비디오를 통해 동생과 똑같이 목욕시켜주고, 기저귀 갈아주고, 먹여줬다는 것을 보여주자.

"왜 나만 양보하라고 해?"

형제간의 싸움은 부모의 평소 행동에 큰 영향을 받는다. 가장 좋지 않은 것은 형이니까 동생에게 양보하라는 강요다. "우리 진수는 양보도 잘해", "희영이는 엄마 말을 참 잘 듣는단 말이야"라는 식으로 칭찬을 가장해 양보하도록 강요하지 말자. 이런 경우 심리적 부담감으로 아이들은 스트레스를 받게 되고 자신의 역할에 대해 거부감을 가질 수도 있다. 칭찬을 이용하여 아이를 조정해서는 안 된다.

● 첫째의 '특권'을 은연중 부각한다

첫째는 동생이 태어난 후 자신에게 불이익이 많아졌다는 생각을 은연중에 갖는다. 잠잘 때 엄마 옆자리도 빼앗긴 것 같고 모든 것에 있어 우선권은 동생에게로 가버렸다는 느낌이 들 것이다. 이럴 때는 첫째의 특권을 맛보게 해주자. 밤에 동생보다 조금 더 늦게 잔다거나, 동생은 아직 어려서 못 먹는 특별 간식도 해주자. 그리고 아기 앞에서 첫째를 자주 칭찬해주자. "아가야, 너는 얼마나 좋니. 오빠가 자전거도 잘 타고, 혼자서 신발도 잘 신고, 밥도 잘 먹고. 이렇게 멋진 오빠를 뒀으니 얼마나 좋을까"라고 말해주는 것이다. 말도 못 알아듣는 아기를 위한 것이 아니라 첫째를 위한 말로, 첫째 아이가 뿌듯함을 느끼게 해준다.

● 첫째의 아기 때를 이야기해준다

"너도 아기였을 땐 어른들이 온통 너만 보러 오셨단다. 그건 네가 예쁘기도 했지만 아기였기 때문에 그랬던 거야. 그래도 동생만 예뻐해서 기분이 좋지 않을 때는 엄마한테 신호를 보내렴."

말로 설명하는 것보다 보여주는 것이 더 효과적이다. 첫째의 아기 때 사진이나 동영상을 보여주면서 지금 동생에게 하는 것을 첫째에게도 똑같이 해줬다는 사실을 이야기해주어라. 자기도 어렸을 때 똑같은 과정을 경험했음을 알게 되면 엄마가 동생을 챙기는 행동을 이해하게 된다.

● 연령에 따른 맞춤형 육아를 위해서는 지원군이 필요하다

이제부터는 '밀착된 돌봄'이 필요한 어린 아기를 위한 육아와 나름의 '수준 있는' 놀이와 학습이 필요한 큰애를 위한 맞춤형 육아가 제각각 필요한 시점이다. 그러기 위해 든든한 육아 지원군을 확보하는 것이 중요하다. 친정·시댁 어른을 비롯해 전문 도우미까지, 상황이 허락한다면 일주일에 한두 번이라도 도움을 받는 것도 생각해보자.

● 첫째의 행동 속 숨겨진 진짜 속마음을 읽어주어라

첫째도 아직 어린아이다. 아이의 행동을 곰곰이 들여다보면 아마도 '나도 좀 사랑해주세요!'라는 마음이 숨어 있을 것이다. 사랑을 바라는 마음을 단지 거세게 표현하는 것뿐이다. 아이에게 가졌던 부정적인 감정이 있다면 털어내는 것이 중요하다. 아이를 아이답게 인식하고, 그대로 받아들이는 것이 필요하다.

● **감정을 드러내게 하라**

아이들은 자기 형제에 대한 감정을 마음껏 표현하고 발산해야 한다. 그것이 좋지 않은 감정이라 해도 말이다. 감정은 발산하되 그 감정이 행동으로까지 이어져서는 곤란하다. 서로 폭력을 행사하지 않도록 부모가 단호하게 말할 필요가 있다. 그렇지만 아이들이 감정을 차곡차곡 쌓아놓고 드러내지 않는다면 집안에서 일어나는 어떤 문제도 해결되지 않는다. 아이의 감정을 있는 그대로 이해하고 받아들이는 것은 정말 중요하다. 아이들에게 무턱대고 좋은 감정을 가져야 한다고 훈계한다면 오히려 나쁜 감정의 골만 깊어지게 만든다. 나쁜 감정을 인정해준 다음에 좋은 감정이 싹튼다.

마음속 쌓인 것이 많은 아이를 위해, 에너지를 발산하는 형태의 놀이를 해보자. 마음껏 찢고 던지는 활동도 좋고, 온 힘을 다하여 체력을 소모할 수 있는 놀이도 좋다. 실컷 에너지를 발산하는 것은 마음에 분노가 많은 아이를 위해 좋은 놀이가 된다. 마음이 가벼워진 만큼 평소 행동도 훨씬 부드러워질 수 있다.

신문지찢기놀이
마음껏 신문지를 찢을 수 있도록 해주어라. 부모도 옆에서 같이 찢고 놀면 아이도 자극을 받아 훨씬 더 활동에 집중하게 된다. 신문지를 다 찢은 다음에는 뭉쳐서 던져보기도 하고, 하늘로 뿌리기를 해도 좋다.

이불로 권투경기하기
이불을 샌드백처럼 돌돌 말아 펀치하고 권투경기를 해보자. 마음껏 치고 던져도 이불이라면 안심할 수 있다. 가정에서도 쉽게 할 수 있는 분노해소놀이이다.

찰흙놀이
찰흙을 두드리고 온 힘을 다해 꾹꾹 누르고 펼치는 과정을 통해 아이들은 공격성을 표현하고 해소할 수 있다.

마구 칠하기
종이에 일정한 규제 없이 색칠 도구를 마음대로 움직이며 칠하는 활동도 좋다. 종이가 뚫릴 정도로 세게 칠해도 좋고, 여러 색을 마음대로 사용해도 좋다.

트램펄린 타기
점프하고 마구 뒹굴 수 있는 이 활동은 아이의 에너지 해소에 제격이다. 꽤 많은 에너지가 소모되기 때문에 아이가 마음껏 발산한 뒤에 느낄 해방감도 훨씬 클 것이다.

풍선배구하기
실제 배구공이라면 던지고 치는 것이 위험할 수 있다. 집 안에서 하기도 힘들 뿐더러 아이가 있는 힘껏 던지거나 치게 될 경우 상대해주기도 힘들다. 하지만 풍선이라면 아이가 마음껏 치고 던져도 괜찮다. 오히려 있는 힘껏 세게 쳐달라고 요구해도 좋다. 풍선으로 배구를 하고 받기 놀이를 해보자. 엄마 아빠와 쉽게 상호작용하기도 좋을 것이다.

특별한 상황 대처법 Q&A

Q 두 아이가 같이 떼쓰고 울 때는 어떻게 해야 할까요?

A 함께 떼를 쓸 때는 두 아이 모두에게 그만하라고 말한 다음 무시하는 태도를 보인다. 다만 우는 아이들을 달래줘야 할 때는 어쩔 수 없이 감정의 강도가 더 커보이는 아이에게 다가서야 한다.

만약 서로 비슷한 정도로 떼를 쓴다면 첫째를 먼저 달래주는 것이 좋다. 첫째가 느끼는 억울함이나 불공평함이 둘째가 느끼는 것보다는 상대적으로 더 크기 때문이다. 물론 아이의 안전이 위협받는 상황이라면 서열과 관계없이 위험에 처한 아이를 먼저 돌봐야 한다.

Q 아이의 마음을 돌봐준다며 큰애에게 오냐오냐하는 것은 괜찮을까요?

A 동생이 태어났다는 것은 아주 특수한 상황으로, 되도록 아이의 마음을 받아주는 것이 좋다. 하지만 잘못된 행동에 대해서는 일관성 있게 훈육해야 한다. 예를 들어 동생을 때리거나 꼬집는 등의 공격적 행동과 물건을 집어던지거나 부수는 등 폭력적 행동을 했을 때 제지하지 않고 받아주는 일이 반복되면 그런 행동도 괜찮다는 생각을 하게 된다. 그 때문에 큰 틀에서 원칙을 정하고 그것에 맞게 일관된 양육 태도를 취하는 것이 중요하다.

Q 엄마 아빠가 둘째를 예뻐하지 않는 척하면 동생을 예뻐할까요?

A 이는 부모가 진심을 숨긴 채 거짓 연기를 하는 것이다. 이 경우 아이는 엄마 아빠의 행동을 그대로 따라 해 동생을 더 무시하거나 미워하는 부작용이 생길 수 있다. 이런 태도보다는 기저귀를 함께 갈거나 분유를 먹일 때 도움을 요청하는 등 첫째를 아기 돌보기에 참여시켜보자. 동생을 경쟁 대상이 아닌 보호 대상으로 인식할 수 있다.

Q 첫째에게 '장난감도 다 네 거야'라고 말해도 되나요?

A 심리적으로 질투의 대상보다는 질투하는 아이의 스트레스가 더 크기 때문에 첫째를 먼저 달래주라고 조언하는 것이다. 그렇다고 해서 '장난감도 다 네 것이야'라는 식으로 아이를 달래준다면 아이는 자신이 질투해야 부모가 자기편을 들어준다는 잘못된 생각을 가질 수 있다. 일단 첫째 아이의 영역은 부모가 확실하게 지켜주는 태도가 필요하다. 예를 들

어 첫째 아이에게 자신이 좋아하는 장난감이나 물건은 따로 보관할 수 있도록 하는 것이다. 이와 함께 첫째에게 자신의 장난감 중 동생이 가지고 놀아도 되는 장난감 몇 개를 스스로 고르게 하면 아이는 자신이 동생을 통제할 수 있다는 생각에 만족하기도 한다.

Q 동생에게 무관심한 아이, 문제없을까요?
A 동생에게 무관심한 아이도 문제가 있을 가능성이 크다. 일반적으로 가볍게 무관심한 아이는 부모의 사랑을 빼앗길까 불안해하지 않고 동생에 대한 질투도 별로 없는 것으로 볼 수 있다. 하지만 정도가 지나쳐서 동생에게 별다른 호기심과 관심을 보이지 않고, 동생과 상호작용도 거의 하지 않는다면 큰 걱정이다. 심한 경우 사회성 결핍이나 혹은 자폐성 장애를 의심할 수 있으므로 만 3세 이후라면 소아정신과 전문의와 상담해본다.

사랑 그 자체인 둘째, 이유 없이 짠한 첫째, 모두 내 소중한 아이들_남매 키우기

〈투맘쇼〉 기획·출연 개그맨 김경아

나에겐 첫째 아들 선율이와 네 살 터울의 딸 지율이가 있다.
나와 선율이 사이는-그래, 다른 집도 물론 그렇겠지만-모자 사이, 그 이상이었다. 나는 선율이에게 영혼의 동반자, 소울메이트 같은 깊은 유대감을 느꼈고, 그 아이에게 나는 우주 그 자체였다. 그런 우리 사이에 필연처럼 지율이가 들어왔고 나는 막연하게 선율이가 잘 이해해줄 거라 믿었다. 왜냐하면 내가 아는 선율이는 착하고 배려심 돋는 양보의 아이콘이었으니까. 나의 착각이었을까, 그의 변신이었을까. 선율이는 동생이 태어난

이후 결코 착하지 않았고 배려는커녕 누구보다 이기적이며 자기중심적으로 행동했다. 지율이가 태어나고 한 달 후, 선율이는 삼춘기의 시작이라는 여섯 살이 되었다. 선율이 입장에서 헤아려보면 '남편이 바람피워 데려온 첩' 느낌이라는 동생이 생겼고, 엄마는 점점 공부 냄새 나는 수상한 걸 시키니 대단히 혼란스러운 시기였을 것이다.

머리로는 알고 있었으나 막상 눈앞에 내가 아는 선율이가 아닌 꼭 처음 보는 애 같은 선율이가 있으니 새가슴 선율맘은 지금까지의 양육이 통째로 빵점처리 맞은 기분이라고나 할까? 안 그래도 오랜만의 신생아 육아에 심신이 지친 마당에 선율이의 배신 아닌 배신에 정말 혼란스럽고 하루하루가 눈물 바람이었다.

그 와중에 둘째는 그 자체로 사랑이었다. 온전한 사랑을 받고 있다는 무한한 자존감, 그로 인한 천진난만함. 동생에게 뺏기지 않으려는 첫째의 사투를 넓은 아량(?)으로 보듬어주며 "옛다 너 가져라. 난 딴 거 또 있어"라고 말할 것 같은 크나큰 배포.
가엾게도 첫째는 둘째의 이 대책 없는 사랑스러움을 결코 이길 수가 없다. 시기, 질투, 미움이 탑재된 첫째의 되바라진 행동들이 어찌 이 '사랑 그 자체'를 이길 수 있단 말인가. 그래서 첫째는 '온전한 태양'에서 순식간에 '아픈 손가락'이 된다. 이유를 알 수 없지만 어느 순간부터 첫째를 생각하면 짠하다. 짠할 이유가 없는데 짠하다. 아무 동의 없이, 아무 허락도 구하지 않고 어느 날 갑자기 첫째라는 지위를 쥐어주며 양보와 사랑과 배려라는 착한 감정을 강요하는 어른들에 짜증이 났을 것이다.
그래서 난 자주 둘째를 할머니, 할아버지께 맡겨 놓고 선율이와 둘만의 시간을 보내려 했다. 책에서 그렇게 하면 첫째에게 위안이 된다 해서 최선을 다해 시간을 냈다.
그러나 원래 온전한 내 것이었던 엄마와의 시간을 가끔씩으로 만족하라니 엄마 껌딱지 선율이로서는 성에 차지 않았나 보다. 지율이가 태어나고도 한참을 선율이는 "앰매 앰매" 하며 혀 짧은 소리를 냈고, 바닥을 네 발로 엉금엉금 기어다니고 몸을 한껏 웅크려 아기 흉내를 내는 퇴행행동을 보였다.
첫째에게는 첫째대로, 둘째에게는 둘째대로 늘 미안하고 늘 부족한 엄마가 될 수밖에 없어서 이러려고 동생을 낳았나 자괴감이 들기도 했고 누구를 위한 선택이었나 고민스러웠다.

열 손가락 깨물어 안 아픈 손가락 없다지만 많지도 않은 두 손가락 중에 나는 유독 첫 번째 손가락이 아프다. 두 번째 손가락은 상처가 나면 모두가 달려들어 치료해줄 것 같고 알아서 해 잘 드는 곳에서 무럭무럭 자라줄 것 같은 알 수 없는 안도감이 있는 반면, 첫 번째 손가락은 내가 연고를 발라주지 않으면 아무도 돌봐주지 않아 고름이 나고 덧날 것 같아 늘

노심초사다. 그럼에도 불구하고 나는 그것을 통틀어 그냥 '사랑'이라고 칭하고 싶다.

이런 일련의 과정이 아이들에게 약이 될 것이라 믿는다. 부족하고 모자란 엄마에게도 더 성숙한 엄마가 되는 과정이라고 믿는다. 동생에게 치이는 오빠의 속상한 마음, 오빠에게 엄마를 뺏기는 동생의 억울한 마음…. 그것들이 결국에는 온 가족의 무한한 신뢰와 사랑으로 회복될 것이라 믿는다. 나는 두 아이가 내 인생과 바꿔도 좋을 만큼 소중하고, 내 모든 것을 기꺼이 바쳐 이 아이들을 오래오래 잘 키울 것이기 때문이다.

참고 도서 및 문헌 목록

⊙ 도서
나는 왜 나인가?, 케빈 리먼 저, 좋은책만들기, 2016
내 아이를 위한 감정코칭, 조벽, 존 카트맨, 최성애 공저, 한국경제신문, 2011
성격심리학, 알프레드 아들러 저, 지식여행, 2012
감정본색, 나카노 노부코, 사와다 마사토 공저, 플루토, 2015
발달심리학, David R Shaffer, Katherine Kipp 공저, 박영스토리, 2014
성격심리학, Walter Mischel, Yuichi Shoda, Ronald E. Smith 공저, 시그마프레스, 2006
승자의 뇌, 이안 로버트슨 저, 알에이치코리아, 2013
싸우지 않고 배려하는 형제자매 사이, 아델 페이버, 일레인 마즐리시 공저, 푸른육아, 2014
장애아의 형제자매, 케이트 스트롬 저, 한울림스페셜, 2009
양육 솔루션, 미셸 보바 저, 물푸레, 2010
오리지널스, 애덤 그랜트 저, 한국경제신문, 2016
유대인의 형제 교육법, 에제키엘 이매뉴얼 저, 와이즈베리, 2013
타고난 반항아, 프랭크 설로웨이 저, 사이언스북스, 2008
출생의 심리학, 클리프 아이잭슨 크리스 래디쉬 공저, 21세기북스, 2005
형제자매 갈등 대처하기, 최명선, 송현정 공저, 이담북스, 2012
The Second Baby Survival Guide, Naia Edwards 저, Rodale press, 2010

⊙ 문헌
Anxious conservative or easy going rebel? Busting the birth-order myths, Nick Haslam, The conversation, 2015
Settling the debate on birth order and personality, Rodica Ioana Damian, Brent W. Roberts, Proc Natl Acad Sci USA, 2015
The associations of birth order with personality and intelligence in a representative sample of U.S. high school students, Rodica Ioana Damian, Brent W. Roberts, Journal of Research in Personality, 2015